lonely planet

STOCKHOLM

EN QUELQUES JOURS

Charles Rawlings-Way, Becky Ohlsen

Dans ce guide

L'essentiel

Pour aller droit au but et découvrir la ville en un clin d'œil.

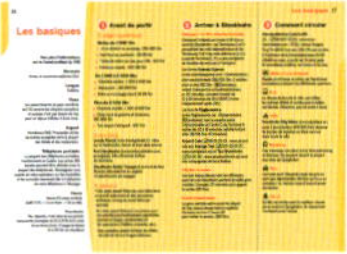

Les basiques
À savoir avant de partir

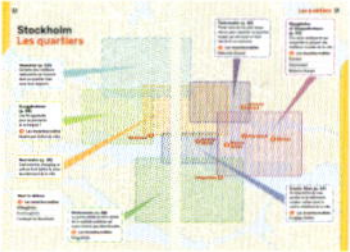

Les quartiers
Se repérer

Explorer Stockholm

Sites et adresses quartier par quartier.

Les incontournables
Pour tirer le meilleur parti de votre visite

100% Stockholm
Vivre comme un habitant

Stockholm selon ses envies

Les meilleures choses à voir, à faire, à tester...

Les plus belles balades
Découvrir la ville à pied

Envie de...
Le meilleur de Stockholm

Carnet pratique

Trucs et astuces pour réussir votre séjour.

Comment circuler
Voyager comme un habitant

Infos pratiques
et conseils d'hébergement

Notre sélection de lieux et d'adresses

- **Voir**
- **Se restaurer**
- **Prendre un verre**
- **Sortir**
- **Shopping**

Légende des symboles

Numéro de téléphone	Familles bienvenues
Heures d'ouverture	Animaux acceptés
P Parking	Bus
Non-fumeurs	Ferry
@ Accès Internet	M Métro
Wi-Fi	S Subway
Végétarien	Tram
Menu en anglais	Train

Retrouvez facilement chaque adresse sur les plans de quartiers

Stockholm En quelques jours

Les guides *En quelques jours* édités par Lonely Planet sont conçus pour vous amener au cœur d'une ville.

Vous y trouverez tous les sites à ne pas manquer, ainsi que des conseils pour profiter de chacune de vos visites. Nous avons divisé Stockholm en quartiers, accompagnés de plans clairs pour un repérage facile. Nos auteurs expérimentés ont déniché les meilleures adresses dans chaque ville : restaurants, boutiques, bars et clubs... Et, pour aller plus loin, découvrez les endroits les plus insolites et authentiques de Stockholm dans les pages "100% Stockholm".

Ce guide contient également tous les conseils pratiques pour éviter les casse-tête : itinéraires pour visites courtes, moyens de transport, montant des pourboires, etc.

Grâce à toutes ces infos, soyez sûr de passer un séjour mémorable.

Notre engagement

Les auteurs Lonely Planet visitent en personne, pour chaque édition, les lieux dont ils s'appliquent à faire un compte-rendu précis. Ils ne bénéficient en aucun cas de rétribution ou de réduction de prix en échange de leurs commentaires.

L'essentiel 7

Explorer Stockholm 21

Vaut le détour

Stockholm selon ses envies 125

Les plus belles balades

Envie de...

Carnet pratique 145

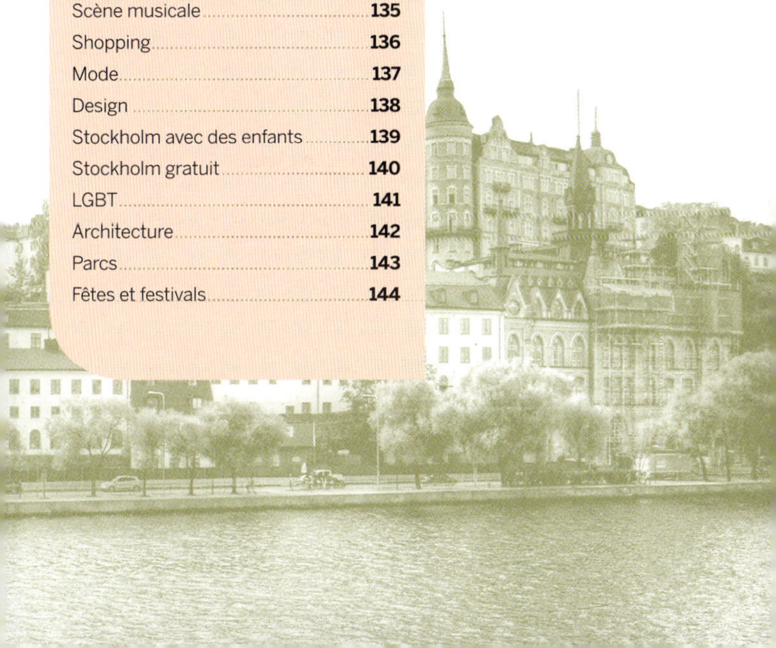

L'essentiel

Bienvenue à Stockholm

L'élégante capitale de la Suède a tout pour plaire. Construite sur plusieurs îles de la mer Baltique, la "Belle sur l'eau", comme les habitants se plaisent à l'appeler, est pourtant facile à visiter à pied. Gamla Stan, la ville ancienne, semble tout droit sortie d'un conte de fées, tandis que la cité moderne, dynamique et en constante évolution, s'impose comme haut lieu de la gastronomie et du design.

Gamla Stan (p. 22)
LEOKS/SHUTTERSTOCK ©

Stockholm
Les incontournables

ANDREY SHCHERBUKHIN/SHUTTERSTOCK ©

Skansen (p. 52)

Excellent musée en plein air sur l'histoire de la Suède.

Vasamuseet (p. 56)

Intéressez-vous au *Vasa* qui a sombré en 1628.

ALEX EROFEENKOV/SHUTTERSTOCK ©

Kungliga Slottet (p. 24)

Le majestueux palais royal.

DAVE AND LES JACOBS/GETTY IMAGES ©

STEFAN HOLM/SHUTTERSTOCK ©

Millesgården (p. 94)

La superbe propriété du sculpteur Carl Milles.

Stadshuset (p. 100)

La visite guidée de l'hôtel de ville.

ANETTE ANDERSEN/SHUTTERSTOCK ©

Historiska Museet (p. 84)

Dix mille ans d'histoire.

LONELY PLANET/GETTY IMAGES ©

KALIN EFTIMOV/SHUTTERSTOCK ©

Drottningholm (p. 108)

Un palais d'été d'inspiration Renaissance.

Moderna Museet (p. 58)

De l'art moderne de style scandinave.

KIEV.VICTOR/SHUTTERSTOCK ©

ANDERS BLOMQVIST/GETTY IMAGES ©

AVRESA/SHUTTERSTOCK ©

Fotografiska (p. 70)

Un élégant musée de la photographie.

Archipel de Stockholm (p. 120)

Promenade en bateau au milieu d'îles spectaculaires.

100% Stockholm
Vivre comme un habitant

Conseils d'initiés pour découvrir le vrai Stockholm

Certes, vous ne voulez pas manquer les incontournables, mais il est aussi essentiel de découvrir à quoi ressemble la vie des Stockholmois. Soyez-en sûr, vous n'échapperez pas à un après-midi de shopping, ni à l'exploration des parcs et, le soir, à la fréquentation d'un bar animé.

Shopping à Norrmalm
(p. 38)

☑ Boutiques de mode pointue

☑ Architecture magnifique

Escapade à Djurgården
(p. 60)

☑ Sentiers paisibles

☑ Parcs verdoyants

Tournée des bars à Södermalm (p. 72)

☑ Bars pleins de charme ☑ Observation des passants

PETER FORSBERG/PEOPLE/ALAMY STOCK PHOTO ©

Opulent Östermalm (p. 86)

☑ Des restaurants et des cafés ☑ Boulevards élégants

JULIE MAYFENG/SHUTTERSTOCK ©

Musées de Gärdet et Ladugårdsgärdet (p. 96)

☑ Excellents musées ☑ Cadre arboré

IGOR GROCHEV/SHUTTERSTOCK ©

Autres lieux pour vivre le Stockholm des habitants :

- Stampen (p. 34)
- L'île de Djurgården (p. 66)
- Une boutique vintage de premier ordre (p. 80)
- La vie nocturne autour de l'Östermalmstorg (p. 93)
- La plage urbaine de Smedsuddsbadet (p. 107)
- Les restaurants de Kungsholmen (p. 104)
- Les parcs de Vasaparken (p. 116)
- Tennstopet (p. 119)

Stockholm En 4 jours

1er jour

Partez de bonne heure pour éviter la foule à Gamla Stan. Offrez-vous un café et une pâtisserie avant de faire la queue pour une visite guidée du palais royal, le **Kungliga Slottet** (p. 24). Votre billet vous donnera accès à trois autres musées (le Museum Tre Kronor, dédié au château médiéval de Stockholm, la salle du Trésor et le musée des Antiquités de Gustave III ou Antikmuseum), qui méritent tous un détour. Comptez deux ou trois heures pour tout voir.

Déjeunez ensuite d'un buffet végétarien à l'**Hermitage** (p. 32). Faites une promenade digestive de Gamla Stan à Norrbro et longez la mer jusqu'à la passerelle appelée Skeppsholmsbron, qui relie l'île de Skeppsholmen. Là, vous pourrez visiter le **Moderna Museet** (p. 58), dédié à l'art contemporain, avant d'admirer l'architecture suédoise à travers mille ans d'histoire au musée voisin, l'**ArkDes** (p. 66).

Fatigué d'arpenter les sites d'art ? Reprenez la passerelle jusqu'à Norrmalm pour rejoindre le bar **Berns Salonger** (p. 46), puis allez dîner au **Grands Verandan** (p. 45), dans le Grand Hôtel, pour déguster son fameux *smörgåsbord* (buffet suédois).

2e jour

Consacrez cette deuxième journée à la découverte de Djurgården. Commencez par passer quelques heures à **Skansen** (p. 52), un musée en plein air aussi appelé "Suède en miniature". Découvrez les animaux nordiques du zoo et l'atelier des souffleurs de verre.

Aventurez-vous au cœur de Djurgården pour déjeuner au somptueux **Rosendals Trädgårdskafe** (p. 66), puis rebroussez chemin pour visiter l'étonnant **Vasamuseet** (p. 56), entièrement consacré au vaisseau de guerre *Vasa*, qui sombra lors de son voyage inaugural en 1628. Ses excellentes installations multimédia peuvent vous occuper une heure ou deux. Si vous avez le temps, faites ensuite un tour au **Spritmuseum** (p. 63), juste à côté, pour vous documenter sur l'histoire complexe et la portée sociale de la consommation d'alcool en Suède.

Prenez le ferry depuis Djurgården jusqu'à Norrmalm (en été seulement) et dirigez-vous vers Stureplan, à Östermalm. Allez déguster poissons et fruits de mer à la brasserie **Sturehof** (p. 91), et sirotez un verre dans son minuscule bar, à l'arrière, avant d'explorer les clubs du quartier, comme **Sturecompagniet** (p. 92) et **Spy Bar** (p. 93).

Votre temps vous est compté ?
Nous avons concocté pour vous des itinéraires détaillés qui vous permettront d'optimiser le peu de temps dont vous disposez.

3e jour

Un séjour de trois jours à Stockholm permet d'explorer Södermalm, un quartier sud très festif, regorgeant de boutiques, de galeries et de lieux branchés. Commencez par la visite de la remarquable galerie de photographie **Fotografiska** (p. 70), où vous pourrez aussi prendre un café et un en-cas. De là, un escalier mène au sommet des falaises de Söder d'où s'étend une vue imprenable sur la ville.

Déjeunez à l'**Hermans Trädgårdscafé** (p. 76), puis rejoignez par les rues raides et pavées Götgatan, la principale rue de Södermalm. Suivez-la vers le sud jusqu'à la place centrale de Medborgarplatsen où il y a toujours quelque chose à voir. Continuez à marcher dans la rue principale, puis prenez la Folkungagatan à gauche pour profiter des pubs et des cafés de "SoFo" (Sud de Folkungagatan).

Après un dîner au **Chutney** (p. 76), dirigez-vous vers la jolie place Mariatorget entourée d'arbres pour siroter un verre à la terrasse du Rival Hotel ou poursuivez votre route jusqu'à la minuscule Monteliusvägen qui rappelle plus un sentier qu'une rue. Elle offre une vue splendide sur Stockholm (surtout au crépuscule). Terminez votre journée à l'**Akkurat** (p. 79).

4e jour

Visitez d'abord le **Stadshuset** (p. 100). Cet étonnant hôtel de ville se dresse face à la Centralstationen, mais de l'autre côté du pont, sur l'île de Kungsholmen, un lieu ravissant où il est agréable de flâner. Si le temps le permet, emportez votre maillot de bain pour profiter des rayons du soleil sur la terrasse du Stadshuset, à l'instar des habitants.

Prenez le *tunnelbana* (métro) jusqu'à Östermalm pour déjeuner de fruits de mer chez **Lisa Elmqvist** (p. 91), à l'intérieur du superbe **Östermalms Saluhall** (p. 90), où vous trouverez des spécialités culinaires à (éventuellement) rapporter chez vous. L'**Historiska Museet** (p. 84), où sont exposés des crânes, des armures, des pièces anciennes et des colliers en filigranes d'or, vous fera découvrir le monde des Vikings. Autres temps, autres mœurs : le **Svenskt Tenn** (p. 93) vous ramènera au XXe siècle, en vous dévoilant les origines du design suédois.

Laissez-vous tenter par un dîner de rêve à l'**Ekstedt** (p. 90) ou au **Gastrologik** (p. 91), deux des meilleurs restaurants de Stockholm, puis revenez à Norrmalm pour prendre un cocktail et vous amuser à l'**East** (p. 46) et au **Café Opera** (p. 46).

Les basiques

Pour plus d'informations, voir le *Carnet pratique* (p. 145)

Monnaie
Krona, la couronne suédoise (Skr).

Langue
Suédois.

Visa
Les ressortissants de pays membres de l'UE comme les citoyens canadiens et suisses n'ont pas besoin de visa pour un séjour inférieur à trois mois.

Argent
Nombreux DAB. Principales cartes bancaires acceptées dans la plupart des hôtels et des restaurants.

Téléphone portable
La plupart des téléphones portables fonctionnent en Suède. Les cartes SIM locales peuvent être utilisées avec la plupart des téléphones. Renseignez-vous auprès de votre opérateur sur les modalités et les surcoûts éventuels liés à l'utilisation de votre téléphone à l'étranger.

Heure
Heure d'Europe centrale (GMT/UTC + 1 h en hiver ; + 2h en été).

Pourboire
Peu répandu, il est réservé aux grands restaurants (comptez de 10 à 15 % de la note) et aux taxis (il est d'usage de laisser 10 à 20 Skr au chauffeur).

1 Avant de partir

Budget quotidien

Moins de 1 000 Skr

- Lit en dortoir ou camping : 250-650 Skr
- Fast-food ou sandwich : 65-99 Skr
- Ticket de métro ou bus pour 24h : 120 Skr
- Entrée au musée : 100-150 Skr

De 1 000 à 2 000 Skr

- Chambre double : 1 000-1 600 Skr
- Restaurant : 185-200 Skr
- Bière ou vin (*happy hour*) 35-95 Skr

Plus de 2 000 Skr

- Chambre double : 1 600-2 600 Skr
- Dîner haut de gamme et boissons : 350-650 Skr
- Taxi depuis l'aéroport : 500 Skr

Sites Web

Lonely Planet (www.lonelyplanet.fr). Infos sur la destination, forum et bien plus encore.

Visit Stockholm (www.visitstockholm.com, en anglais). Site officiel de l'office du tourisme.

Stockholm Public Transport (www.sl.se/en). Bonnes informations en anglais et planification de voyages.

À prévoir

Trois mois avant Réservez une table dans un grand restaurant et des excursions lointaines, le long du canal Göta par exemple.

Un mois avant Retenez vos places pour les activités particulièrement appréciées (sorties en kayak, randonnées) et les spectacles (théâtre, concerts, etc.).

Une semaine avant Achetez les billets de train et de bus longue distance.

2 Arriver à Stockholm

Aéroport de Stockholm-Arlanda

L'aéroport Arlanda se trouve à 45 km au nord de Stockholm. Les Terminaux 2 et 5 accueillent les vols internationaux et les Terminaux 3 et 4 les vols intérieurs (il n'y a pas de Terminal 1). Il y a des comptoirs de location de voitures à l'aéroport.

Les trains **Arlanda Express** (www.arlandaexpress.com ; Centralstation ; aller adulte/enfant 280/150 Skr, 2 adultes aller en été 350 Skr ; Centralen), reliant l'aéroport à la Centralstationen en 20 minutes, circulent toutes les 10 à 15 minutes de 5h à 0h30 (moins fréquemment après 21h).

Les bus de **Flygbussarna** (www.flygbussarna.se ; Cityterminalen ; Centralen) font la navette entre Cityterminalen et l'arrêt 11 du Terminal 5 toutes les 10 à 15 minutes (adulte/enfant aller 119/99 Skr, 40 minutes).

Airport Cab (08-25 25 25 ; www.airportcab.se), **Sverige Taxi** (020-20 20 20 ; www.sverigetaxi.se) et **Taxi Stockholm** (15 00 00 ; www.taxistockholm.se) sont des compagnies de taxis fiables.

Cityterminalen

Les bus locaux desservant les différents quartiers de Stockholm partent de cette gare routière. Comptez 20 minutes pour gagner le centre (85 Skr).

Centralstationen

La gare centrale est le point de départ de bus locaux desservant la capitale. Comptez environ 1 heure 20 pour rallier le centre. (159 Skr).

3 Comment circuler

Storstockholms Lokaltrafik (SL ; 08-600 10 00 ; www.sl.se ; Centralstationen ; SL Center Sergels Torg 7h-18h30 lun-ven, 10h-17h sam-dim, à l'intérieur de la Centralstationen 6h30-23h45 lun-sam, à partir de 7h dim) gère le *tunnelbana* (métro), les trains et les bus.

Métro (tunnelbana)

Rapide et efficace, le métro de Stockholm (*tunnelbana*) dessert les différents quartiers.

Bus

Le réseau de bus de la ville, qui utilise les mêmes billets et cartes que le métro, est étendu. Attention, pas de vente à bord.

Vélo

Stockholm City Bikes (www.citybikes.se ; pass 3 jours/saison 165/300 Skr) dispose de bornes de location en libre-service dans toute la ville.

Tramway

Des tramways circulent entre Norrmalmstorg et Skansen. Ils passent devant la plupart des sites de Djurgården.

Taxi

Les taxis sont fréquents mais les prix ne sont pas réglementés. Vérifiez qu'il y a un compteur ou mettez-vous d'accord avant de monter.

Ferry

En été, les ferries sont le meilleur moyen de se rendre à Djurgården. Ils desservent l'archipel toute l'année.

Stockholm
Les quartiers

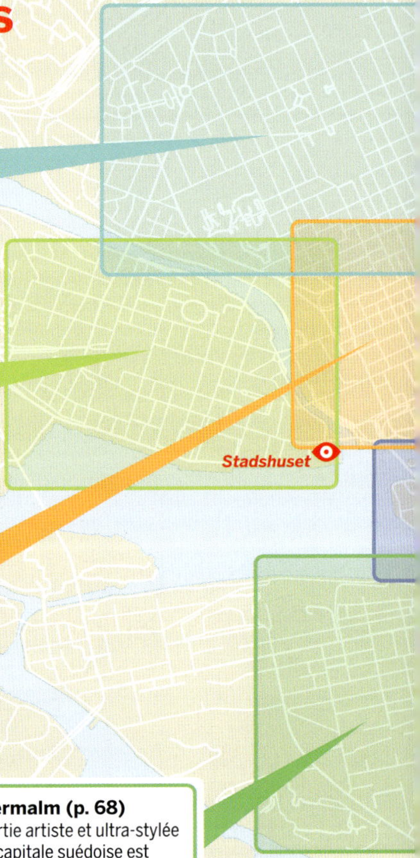

Vasastan (p. 112)
Certains des meilleurs restaurants se trouvent dans ce quartier bien sous tous rapports.

Kungsholmen (p. 98)
Une île appréciée pour se promener et se baigner !

Les incontournables
Stadshuset (hôtel de ville)

Norrmalm (p. 36)
Gastronomie, shopping et culture font battre le cœur bourdonnant de la ville.

Vaut le détour

Les incontournables
Millesgården
Drottningholm
L'archipel de Stockholm

Södermalm (p. 68)
La partie artiste et ultra-stylée de la capitale suédoise est aussi vivante que décontractée.

Les incontournables
Fotografiska

Östermalm (p. 82)
Parez-vous de vos plus beaux atours pour arpenter ce quartier huppé, qui est aussi un haut lieu de la vie nocturne.

Les incontournables

Historiska Museet

Djurgården et Skeppsholmen (p. 50)
Une oasis verdoyante qui rassemble la plupart des meilleurs musées de la ville.

Les incontournables

Skansen

Vasamuseet

Moderna Museet

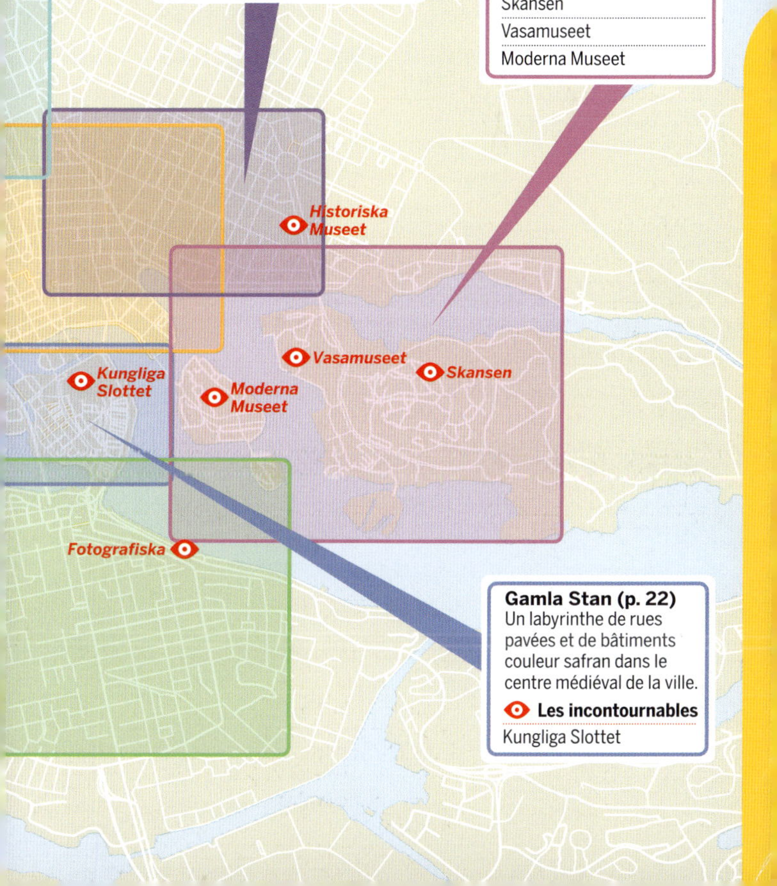

Gamla Stan (p. 22)
Un labyrinthe de rues pavées et de bâtiments couleur safran dans le centre médiéval de la ville.

Les incontournables

Kungliga Slottet

Explorer Stockholm

Vaut le détour

Le cœur de Stockholm,
avec le palais royal au second plan (p. 24)
SCANRAIL1/SHUTTERSTOCK ©

Explorer

Gamla Stan

La vieille ville, Gamla Stan, est le centre historique et géographique de Stockholm. Ses rues pavées serpentent entre églises Renaissance, palais baroques et places médiévales. Bordées d'édifices colorés, elles abritent aussi bien des boutiques de jouets que des cafés éclairés aux chandelles. Västerlånggatan, une artère animée, en est sans conteste le cœur battant.

L'essentiel en un jour

Dégustez café et pâtisseries à la **Grillska Husets Konditori** (p. 34), avant d'aller au **Kungliga Slottet** (p. 24), le palais royal, pour participer à une visite guidée matinale. N'oubliez pas de faire un tour au Museum Tre Kronor, au sous-sol, à la salle du Trésor et au musée des Antiquités de Gustave III (Antikmuseum). Vers midi, vous pourrez assister à la relève de la garde, au son de sa fanfare.

Promenez-vous jusqu'à Stora Nygatan et déjeunez à l'**Hermitage** (p. 32), avant de vous diriger vers Riddarholmen, où vous pourrez admirer la jolie flèche en fer de l'église de **Riddarholmskyrkan** (p. 30) et l'îlot qui l'entoure. En retraversant en direction de Gamla Stan, jetez un coup d'œil à l'intérieur de la cathédrale de **Storkyrkan** (p. 32 ; photo de gauche), avant une visite du **Nobelmuseet** (p. 30), source d'inspiration avec sa galerie de talents récompensés par le prix Nobel !

Accordez-vous ensuite une pause bien méritée autour d'un café ou d'un chocolat chaud à la terrasse de **Chokladkoppen** (p. 32), avant de partir faire les boutiques. Le soir, attablez-vous devant une bière à la **Monks Porter House** (p. 35) ou un dîner typiquement suédois à la **Fem Små Hus** (p. 34), près du palais royal.

Les incontournables

Kungliga Slottet (p. 24)

Le meilleur du quartier

Musées et galeries

Nobelmuseet (p. 30)

Medeltidsmuseet (p. 30)

Se restaurer

Kryp In (p. 32)

Hermitage (p. 32)

Magnus Ladulås (p. 34)

Fem Små Hus (p. 34)

Cafés

Grillska Husets Konditori (p. 34)

Chokladkoppe (p. 32)

Concerts

Stampen (p. 34)

Design

Studio Lena M (p. 35)

E Torndahl (p. 35)

Comment y aller

M Métro (tunnelbana) Gamla Stan, Slussen

Bus n°43, 46, 55, 59 jusqu'à Slottsbacken

À pied La vieille ville est facilement accessible à pied depuis le centre

Les incontournables
Kungliga Slottet

L'imposant palais royal surplombe Gamla Stan. Sa décoration intérieure déploie des trésors baroques et rococo. Le palais a été bâti sur les ruines de la forteresse royale de Tre Kronor, en grande partie détruite dans un incendie en 1697. L'aile nord a survécu et a été incorporée au nouveau bâtiment. Conçu par l'architecte de la cour, Nicodemus Tessin le Jeune, il fut achevé au bout de 57 ans. Cette immense résidence de 608 pièces héberge la famille royale de Suède depuis 1754. Les visites guidées, très intéressantes, évoquent l'histoire du pays.

Plan p. 28, E2

www.theroyalpalace.se

Slottsbacken ; adulte/- 18 ans/- de 7 ans 160/80 Skr/gratuit

9h-17h juil-août, 10h-17h mai-juin et sept, 10h-16h mar-dim oct-avr

43, 46, 55, 59 Slottsbacken, Gamla Stan

La relève de la garde

La relève de la garde

Programmez votre visite de manière à assister à la relève de la garde, qui a lieu dans la cour extérieure à 12h15 du lundi au samedi et à 13h15 les dimanches et jours fériés, de mai à août. De septembre à avril, les relèves ont lieu uniquement les mercredis, samedis, dimanches et jours fériés.

Museum Tre Kronor

Ce musée présente les fondations de la forteresse du XIIIe siècle et des objets du château rescapés de l'incendie de 1697. L'origine du sinistre tient à l'imprudence du garde qui s'était absenté pour aller courtiser une cuisinière. Plus original, vous apprendrez la signification de l'expression “passer par les baguettes”, qui se rapporte au châtiment auquel le garde a été condamné pour avoir abandonné son poste.

Chambre de Gustave III

Le roi Gustave III, qui s'est attaché à consolider le pouvoir royal au début de son règne, s'était attiré les foudres de la noblesse. Il est décédé ici, en 1792, treize jours après avoir échappé à une tentative d'assassinat lors d'un bal masqué. Le monarque a survécu juste assez longtemps pour réprimer le coup d'État.

Trône en argent

Le trône en argent de la reine Christina a réchappé de l'incendie de Tre Kronor. La reine le reçut en cadeau de l'homme d'État suédois, Magnus Gabriel de la Gardie (fils d'Ebba Brahe, qui avait une liaison avec le roi Gustave II Adolphe).

Galerie Charles XI

L'une des plus belles salles du palais est encore aujourd'hui le théâtre de cérémonies royales. Inspirée de la galerie des Glaces de Versailles,

☑ À savoir

- Pour échapper à la cohue et voir le palais dans les meilleures conditions, venez à l'ouverture des portes.
- Visite guidée gratuite en anglais (45 minutes), en russe ou en mandarin. Vérifiez les horaires en ligne.
- L'entrée au palais donne accès au Museum Tre Kronor, à la salle du Trésor et à l'Antikmuseum, tous voisins.
- Les billets sont valables 7 jours.
- Les appartements royaux sont parfois fermés au public ; consultez le site Internet pour connaître les jours d'ouverture.

Une petite faim ?

De juin à fin août, un petit café avec une terrasse dans la cour intérieure du château sert des déjeuners légers, du café et des pâtisseries. Le Kungliga Slottet est également à deux pas de l'agréable Chokladkoppen (p. 32).

Comprendre
Les Bernadottes

Quand le roi Gustave IV Adolphe (règne 1792-1809) est contraint d'abdiquer après avoir cédé la Finlande à l'Empire russe, son oncle, le duc de Södermanland, est proclamé roi de Suède sous le nom de Charles XIII (règne 1809-1818). Les enfants de ce-dernier étant décédés, la noblesse suédoise se met aussitôt à la recherche d'un héritier. Pour des raisons politiques (s'allier à la France contre le tsar de Russie et récupérer la Finlande au passage), le baron Mörner propose alors l'un des maréchaux d'Empire de Napoléon 1er, Jean-Baptiste Bernadotte, né à Pau en 1763. Ce dernier accepte et, à la stupéfaction des autres cours européennes, est élu à l'unanimité par les ordres du royaume à Örebro en 1810. Le 5 novembre 1810, adopté par le roi Charles XIII, il prend le nom de Charles-Jean et devient prince héritier. Il consent d'abord à seconder la politique de Napoléon avant de se retourner contre lui et de participer à la coalition anti-française à partir de 1813. Lors du traité de Kiel, le 14 janvier 1814, le prince héritier obtient que la Norvège soit cédée à la Suède, avant d'engager son pays d'adoption dans une prudente neutralité. Roi de Suède et de Norvège sous le nom de Karl XIV Johan (Charles XIV Jean de Suède) à partir de 1818, il règne durant vingt-six ans, initiant la dynastie Bernadotte, toujours au pouvoir aujourd'hui.

elle est considérée comme un des meilleurs exemples de baroque suédois tardif.

Salle du Trésor

La salle du Trésor (Skattkammaren) renferme des couronnes, des sceptres et d'autres objets liés à la monarchie suédoise, notamment la couronne de Lovisa Ulrika, des fonts baptismaux de 1696 (encore utilisés aujourd'hui), des tapisseries sauvées de l'incendie de 1697 et une épée du XVIe siècle ayant appartenu au roi Gustave Ier Vasa.

Antikmuseum

Le musée des Antiquités de Gustave III (en été seulement) présente des sculptures réunies principalement par le roi au cours de ses voyages en Italie, autour de 1780. Elles permirent à une grande partie de la population suédoise d'avoir un premier aperçu de l'art gréco-latin. Les galeries ont été rénovées à partir des années 1950 afin de pouvoir conserver la collection sur place.

Chapelle royale

Le palais royal abrite une chapelle depuis le XIIIe siècle, mais celle visible à présent date de la réouverture du palais en 1754. Les travaux de reconstruction, dirigés par Nicodemus Tessin le Jeune, durèrent cinquante ans.

Kungliga Slottet

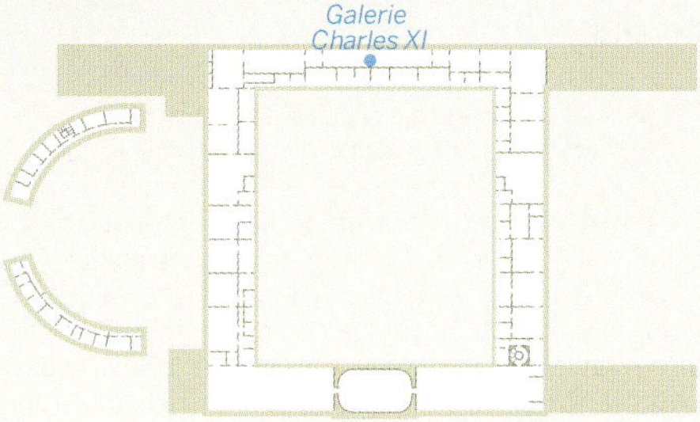

Étage

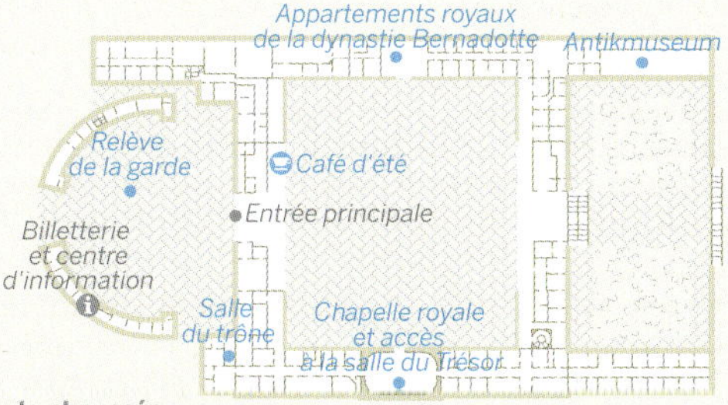

Rez-de-chaussée

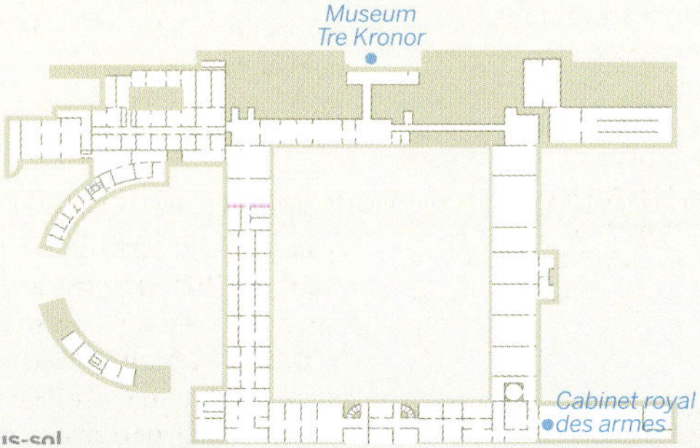

Sous-sol

A
B
C
D
1
2
3
4
5
Centralbron
Norra Järnvägsbron
Vasabron
Strömsborg
Riksbron
Strömparteren
Helgeandsholmen
Riksdagshuset
5
Riksgatan
Bankkajen
Stallbron
Riddarhuskajen
Rådhusgränd
Riddarhusgränd
Mynttorget
Myntgatan
Norra Riddarholmshamnen
Arkivgatan
Riddarhuset
RIDDARHOLMEN
Riddarhustorget
Storkyrkobrinken
Evert Taubes Terrass
Wrangelska Palatset
Birger Jarls Torg
Stora Gråmunkegränd
Prästgatan
Norrström
8
Gåsgränd
Överskärargränd
Wrangelska Backen
4
Riddarholmskyrkan
15
Lilla Nygatan
Yxsmedsgränd
Stora Nygatan
Mälardrottningen Hotel & Restaurant
Södra Riddarholmshamnen
Munkbroleden
Munkbrogatan
Kåkbrinken
Södra Järnvägsbron
Schönfelts Gränd
Gamla Stan
Tyska Brinken
Mälartorget
Riddarfjärden
Södra Järnvägsbron
Centralbron
0
200 m

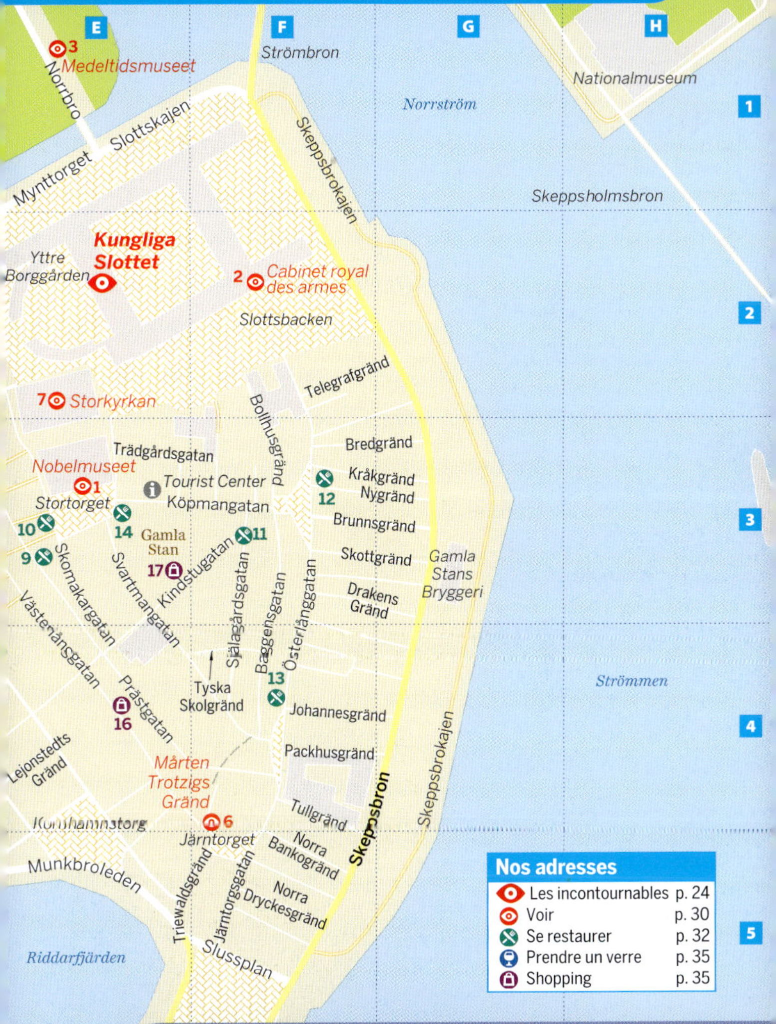

E
F
G
H
1
2
3
4
5
3 Medeltidsmuseet
Norrbro
Strömbron
Nationalmuseum
Norrström
Slottskajen
Mynttorget
Skeppsbrokajen
Skeppsholmsbron
Kungliga Slottet
Yttre Borggården
2 Cabinet royal des armes
Slottsbacken
Telegrafgränd
7 Storkyrkan
Bollhusgränd
Bredgränd
Trädgårdsgatan
Nobelmuseet
1
Tourist Center
Kråkgränd
Nygränd
12
Stortorget
Köpmangatan
14
10
Gamla Stan
11
Brunnsgränd
9
Skottgränd
Gamla Stans Bryggeri
17
Skomakargatan
Svartmangatan
Kindstugatan
Själagårdsgatan
Baggensgatan
Österlånggatan
Drakens Gränd
Västerlånggatan
13
Strömmen
Tyska Skolgränd
Prästgatan
16
Johannesgränd
Lejonstedts Gränd
Packhusgränd
Mårten Trotzigs Gränd
Skeppsbrokajen
Tullgränd
Kornhamnstorg
6
Järntorget
Skeppsbron
Norra Bankogränd
Munkbroleden
Triewaldsgränd
Järntorgsgatan
Norra Dryckesgränd
Riddarfjärden
Slussplan
Nos adresses
Les incontournables p. 24
Voir p. 30
Se restaurer p. 32
Prendre un verre p. 35
Shopping p. 35

Voir

Nobelmuseet

MUSÉE

1 Plan p. 28, E3

Le Nobelmuseet retrace l'histoire du prix Nobel et de ses récipiendaires, en mettant l'accent sur le contexte intellectuel et les aspects culturels. On peut notamment y voir de passionnants documentaires sur la créativité ou des interviews de personnalités "nobélisées" comme Ernest Hemingway, Toni Morrison ou Martin Luther King, des expositions ainsi que, plus anecdotiques, des chaises de café signées des récipiendaires venus visiter le musée (n'hésitez pas à les retourner !). Le musée prévoit de déménager sur la péninsule de Blasieholmen, dans le quartier de Norrmalm – vérifiez son adresse avant votre visite (08-54 43 18 00 ; nobelcenter.se/ ; Stortorget ; adulte/- 18 ans 120 Skr/gratuit ; 9h-20h juin-août, horaires réduits le reste de l'année ; 53, Gamla Stan)

Cabinet royal des Armes (Livrustkammaren)

MUSÉE

2 Plan p. 28, F2

Le cabinet royal des Armes est logé dans les sous-sols du palais royal (sans suivre les mêmes horaires d'ouverture). Il retrace cinq siècles d'histoire de la royauté suédoise, des couronnements aux mariages en passant par les événements plus sanglants. Admirez les tenues d'apparat, le costume de bal masqué du roi Gustave III (celui qu'il portait lors de sa tentative d'assassinat en 1792), ou bien laissez vos enfants essayer une armure dans la salle de jeux. (08-402 30 30 ; www.livrustkammaren.se ; Slottsbacken 3 ; gratuit ; 10h-17h, jusqu'à 18h juil-août ; 43, 46, 55, 59 Slottsbacken, Gamla Stan)

Bon plan

Au bon moment

Pour profiter pleinement de Gamla Stan, allez-y tôt le matin, quand il y a moins de monde, ou au crépuscule, quand la lumière permet de réaliser de belles photographies.

Medeltidsmuseet

MUSÉE

3 Plan p. 28, E1

Niché sous le pont reliant Gamla Stan à Norrmalm, ce musée a vu le jour après la découverte des vestiges d'une muraille édifiée vers 1530. Les murs ont été conservés tels quels et le musée a été construit autour. Le visiteur découvre de fidèles reconstitutions de maisons, marchés et ateliers remontant au Moyen Âge. (Musée médiéval ; www.medeltidsmuseet.stockholm.se ; Strömparterren ; gratuit ; 12h-17h mar-sam, 12h-20h mer ; 62, 65, Gustav Adolfs torg)

Riddarholmskyrkan

ÉGLISE

4 Plan p. 28, B3

Située sur l'îlot charmant et méconnu de Riddarholmen, cette église emblématique a été édifiée par des moines franciscains à la fin du XIIIe siècle. Elle fait office de

Parlement suédois (Riksdagshuset)

nécropole royale depuis les obsèques de Magnus III, en 1290, et abrite les armoiries des Séraphins, ordre de chevalerie suédois. Des concerts y sont organisés. Fermetures fréquentes (consultez le site Web). Paiement par carte bancaire uniquement. (Église de Riddarholmen ; ☎08-402 61 30 ; www.kungahuset.se ; Riddarholmen ; adulte/- 18 ans 50/25 Skr/gratuit, visite guidée en anglais incluse à 12h ; 🕒10h-17h mi-mai à mi-sept ; 🚌3, 53 Riddarhustorget, 🚇Gamla Stan)

Parlement suédois (Riksdagshuset) ÉDIFICE REMARQUABLE

5 👁 Plan p. 28, D1

Le bâtiment du Parlement est situé sur Helgeandsholmen, la petite île environnée par le Norrström, le cours d'eau qui relie le lac Mälaren à la mer Baltique. L'île, rattachée à Gamla Stan, mérite une visite. Faisant face au palais royal, le parlement se compose de deux parties : la plus ancienne, du début du XXe siècle, donne sur la rue ; l'autre, plus moderne, accueille la salle des débats actuelle. La visite de l'édifice donne un intéressant aperçu du système suédois de gouvernance fondé sur le consensus – voir aussi l'encadré p. 33. (Parlement suédois ; ☎020-34 80 00 ; www.riksdagen.se ; Riksgatan 3 ; gratuit ; 🕒visites guidées 1 heure en anglais 12h, 13h, 14h et 15h lun-ven mi-juin à mi-août, 13h30 sam-dim oct à mi-juin ; 🚌3, 59, Riddarhustorget, 🚇Gamla Stan, T-Centralen)

Mårten Trotzigs Gränd RUE

6 Plan p. 28, F4

Prisée par les photographes, cette minuscule ruelle de Gamla Stan est la plus étroite de la capitale. (Gamla Stan)

Storkyrkan ÉGLISE

7 Plan p. 28, E2

La cathédrale royale, qui accueillit jadis mariages princiers et couronnements, est, avec ses 700 ans d'âge, la plus ancienne église paroissiale de Stockholm. À l'intérieur se marient les styles gothique et baroque. Remarquez notamment les extravagantes tribunes royales conçues par Nicodemus Tessin le Jeune, mais aussi la spectaculaire sculpture gothique *Saint Georges terrassant le dragon*, réalisée par l'Allemand Berndt Notke sur une commande de Sten Sture l'Ancien pour commémorer sa victoire sur les Danois en 1471. Si vous êtes amateur, consultez les panneaux d'affichage et les prospectus annonçant les concerts à venir. (cathédrale ; www.stockholmsdomkyrkoforsamling.se ; Trångsund 1 ; adulte/- 18 ans 60 Skr/gratuit ; 9h-16h, 9h-18h juin-août ; Gamla Stan)

Se restaurer

Hermitage VÉGÉTARIEN $$

8 Plan p. 28, D3

Buffet végétarien simple et savoureux, à des prix imbattables à Gamla Stan. Salade, pain maison, thé et café sont compris. Un conseil : ne ratez pas les plats chauds cachés dans les tiroirs du buffet principal. Des plats végétaliens, y compris des gâteaux, sont aussi proposés. (www.hermitage.gastrogate.com ; Stora Nygatan 11 ; buffet semaine/week-end 130/140 Skr ; 11h-20h lun-ven, 12h-20h sam-dim, jusqu'à 21h juin-août ; ; Gamla Stan)

Kryp In SUÉDOIS $$$

9 Plan p. 28, E3

Petit mais parfaitement aménagé, cet établissement revisite des spécialités suédoises. On peut y déguster un carpaccio de saumon, des œufs d'ablette de Kalix, du renne rôti ou un délicieux et réconfortant ragoût de fruits de mer au safran et à l'aïoli. Service impeccable et ambiance chic sans être guindée. Le menu de trois plats (455 Skr) est excellent. Réservation indispensable. (08-20 88 41 ; www.restaurangkrypin.se ; Prästgatan 17 ; plats déj 135-168 Skr, plats dîner 198-290 Skr ; 17h-23h lun-ven, 12h-16h et 17h-23h sam-dim ; ; Gamla Stan)

Chokladkoppen CAFÉ $

10 Plan p. 28, E3

Le minuscule Chokladkoppen se trouve sur la ravissante place principale de la vieille ville. Ce lieu plein de charme comporte une terrasse qui ne cesse de s'étendre et une salle exiguë avec des poutres au plafond, des murs crème et des œuvres d'art très modernes. Au menu, des plats salés, notamment une délicieuse tarte aux brocolis et au bleu et de succulents gâteaux. (www.chokladkoppen.se ; Stortorget 18 ; gâteaux et cafés à partir de 35 Skr, plats 85-125 Skr ;

Comprendre

Gouvernement et politique

Le roi de Suède, Charles XVI Gustave (ou Carl XVI Gustaf), est le septième souverain de la dynastie Bernadotte (voir p. 26). Alors qu'il n'a que quatre ans, le décès de son père le fait accéder au titre de prince héritier, avant d'être couronné roi en 1973, à 27 ans. Il rencontre la reine Silvia, d'origine germano-brésilienne, aux Jeux olympiques de Munich de 1972, alors qu'elle n'appartenait ni à la royauté ni à la noblesse. Leur fille aînée, la princesse Victoria, sera le prochain monarque de Suède. En effet, depuis 1980, le premier-né est l'héritier du trône en Suède, quel que soit son sexe.

Le roi est le chef de l'État et une figure importante, mais apolitique. Son rôle est essentiellement protocolaire. La Suède est gouvernée par un Parlement, élu au suffrage universel tous les quatre ans.

Des changements en matière d'économie et de politique ont récemment ébranlé la longue tradition suédoise du "juste milieu". Pendant des décennies, le pays a été considéré comme une sorte de modèle, quasi utopique, qui donnait espoir aux progressistes du monde entier. C'est toujours plus ou moins vrai. Mais, en se développant, la Suède a dû s'adapter aux réalités modernes (économiques et sociopolitiques), et des failles ont commencé à apparaître.

Les sociaux-démocrates, qui ont conservé la majorité au gouvernement (et ont donc façonné la politique nationale, notamment le fameux "État providence") pendant la majeure partie des 85 dernières années, voient actuellement leur influence décliner.

Aux élections de 2010, les sociaux-démocrates enregistrent leurs plus mauvais résultats depuis 1921, en remportant à peine plus de 30% des sièges au Parlement. Le parti de l'Alliance décroche un deuxième mandat (173 sièges sur 349), mais le chômage est élevé et, en 2012, les sociaux-démocrates regagnent du terrain. Aux élections de septembre 2014, les sociaux-démocrates sont de retour : le chef du parti de l'Alliance, Fredrik Reinfeldt, perd face au chef des sociaux-démocrates, Stefan Löfven, qui devient Premier ministre. La principale nouveauté de ce scrutin est la montée des Démocrates suédois, un mouvement nationaliste d'extrême droite, qui recueille deux fois plus de suffrages que précédemment, passant de 20 à 49 sièges ; il devient le troisième parti du Parlement. Cette situation a immédiatement suscité des tensions, les autres partis étant peu désireux de coopérer avec lui.

9h-23h juin-août, horaires réduits le reste de l'année ; ; Gamla Stan)

Under Kastanjen

SUÉDOIS **$$**

11 Plan p. 28, F3

Avec ses tables dressées à l'ombre d'un marronnier sur une place pavée bordée d'édifices ocre et jaunes, voici le restaurant le plus pittoresque de Gamla Stan. Il sert des plats suédois classiques, comme des boulettes de viande maison avec une purée de pommes de terre. Le bar à vins du rez-de-chaussée rappelle une bodega espagnole avec ses voûtes en brique blanchies à la chaux et son éclairage d'ambiance. (08-21 50 04 ; www.underkastanjen.se ; Kindstugatan 1, Gamla Stan ; plats 182-289 Skr, formule déj 105 Skr ; 8h-23h lun-ven, 9h-23h sam, 9h-21h dim ; ; Gamla Stan)

100% Stockholm

Ça swingue à Stampen

Stampen (plan p. 28, D3 ; 08-20 57 93 ; www.stampen.se ; Stora Nygatan 5 ; entrée libre ou 200 Skr selon programmation ; 17h-1h mar-ven et dim, 14h-1h sam ; Gamla Stan) est l'un des clubs légendaires de Stockholm. On peut y entendre du jazz et du blues six soirs par semaine. Des musiciens de blues font le bœuf chaque dimanche actuellement (accès libre), et ces improvisations attirent autant de musiciens en herbe que de talents confirmés.

Fem Små Hus

SUÉDOIS **$$$**

12 Plan p. 28, F3

À une courte distance à pied du palais royal, au centre de la vieille ville, le Fem Små Hus offre un cadre historique authentique et une cuisine traditionnelle. Les plats suédois classiques agrémentés d'une touche française, tels les filets de renne au porto, l'omble grillé ou le confit de poulet d'une ferme suédoise, sont servis sous les voûtes de caves du XVIIe siècle. (08-10 87 75 ; www.femsmahus.se ; Nygränd 10 ; plats 205-410 Skr ; 11h30-23h lun-mar, jusqu'à minuit mer-ven, 13h-minuit sam, 13h-23h dim ; Gamla Stan)

Magnus Ladulås

SUÉDOIS **$$$**

13 Plan p. 28, F4

Portant le nom du roi Magnus III, ce restaurant, qui occupe une ancienne auberge du XVIe siècle, possède un cadre authentique et intimiste avec ses jolies voûtes. Son menu fait la part belle aux plats classiques suédois : boulettes de viande aux pommes de terre et airelles, ragoût de fruits de mer, ou sandre avec ses œufs servi avec une sauce au homard. (08-21 19 57 ; magnusladulas.se ; Österlånggatan 26 ; plats 195-289 Skr ; 11h-22h lun-jeu, 11h-23h ven, 13h-23h sam, 13h-20h dim ; Gamla Stan)

Grillska Husets Konditori

BOULANGERIE, CAFÉ **$**

14 Plan p. 28, E3

Ce café-boulangerie géré par la Stockholms Stadsmission, équivalent suédois d'Emmaüs, est une adresse de choix pour une douceur ou un sandwich traditionnel aux crevettes, surtout lorsque le temps permet de s'installer sur la place principale de Gamla Stan. La boulangerie vend du pain et divers produits. (☎08-68 42 33 64 ; www.stadsmissionen.se/vad-vi-gor/grillska-huset ; Stortorget 3 ; plats 90-125 Skr, plats du jour 125 Skr ; ⏱10h-20h lun, 10h-21h mar-sam, 11h-20h dim ; 🚉Gamla Stan)

Prendre un verre

Monks Porter House — PUB

15 🍷 Plan p. 28, C3

Cet immense pub propose un large choix de bières, dont 56 pressions, pour la plupart fabriquées à la micro-brasserie Monks de Vasastan. Tout ce que nous avons goûté était délicieux, en particulier la Monks Orange Ale. Le mieux est de demander conseil au serveur. Consultez le site pour les soirées-dégustation. (☎08-23 12 12 ; www.monkscafe.se ; Munkbron 11 ; ⏱18h-1h mar-sam ; Ⓜ Gamla Stan)

Shopping

E Torndahl — DESIGN

16 🔒 Plan p. 28, E4

Tenu par des femmes de la famille Torndahl depuis 1864, ce magasin spacieux est un havre de paix qui contraste avec l'animation de

La terrasse du Chokladkoppen (p. 32)

la Västerlånggatan. On y trouve des bijoux, des textiles et des objets scandinaves pour la maison. (www.etorndahl.se ; Västerlånggatan 63 ; ⏱10h-20h ; 🚉Gamla Stan)

Studio Lena M — CADEAUX

17 🔒 Plan p. 28, E3

Cette boutique minuscule aux lumières tamisées est remplie de produits à l'effigie des travaux de l'illustratrice Lena M. Une adresse idéale pour trouver un cadeau unique et typiquement suédois, ou tout simplement une carte postale pleine de charme. (www.studiolenam.wordpress.com ; Kindstugan 14 ; ⏱10h-18h, 10h-17h sam ; 🚉Gamla Stan)

Explorer

Norrmalm

Le modernisme règne sans partage à Norrmalm, le trépidant quartier commerçant de Stockholm où se trouvent aussi la gare ferroviaire principale, Centralstationen, et la gare routière, Cityterminalen. Il recèle des boutiques originales, des bars et des restaurants branchés, des hôtels – des plus fonctionnels aux plus étonnants – et d'intéressantes institutions culturelles.

L'essentiel en un jour

Commencez votre journée par une immersion parmi les joyaux de l'art et du design au **Nationalmuseum** (p. 42). Ce musée, récemment rénové, abrite des œuvres de toute l'Europe ainsi qu'une belle collection d'objets du design scandinave. Ensuite, assumez votre goût pour la vie des têtes couronnées et participez à une visite guidée du **Hallwylska Museet** (p. 43), l'ancienne résidence d'un comte et d'une comtesse, collectionneurs d'objets d'art.

Changez de siècle en visitant la **Wetterling Gallery** (p. 42). Des artistes prometteurs de Stockholm – peintres, photographes et adeptes de nouvelles techniques – y exposent leurs œuvres.

Consacrez votre après-midi au **Medelhavsmuseet** (p. 42), qui rassemble d'intéressants objets et œuvres d'art des civilisations du bassin méditerranéen et du Proche-Orient. Un café sur place vous accueillera si vous avez un petit creux. À défaut, optez pour un *smörgåsbord* (buffet suédois) au **Grands Verandan** (p. 45). Pour vous amuser le soir, allez au **Café Opera** (p. 46) ou au **Berns Salonger** (p. 46).

Pour une journée de shopping 100% Stockholm à Norrmalm, rendez-vous p. 38.

100% Stockholm

Le meilleur du quartier

Se restaurer

Pour les noctambules

Shopping

Comment y aller

Métro (tunnelbana)
T-Centralen, Kungsträdgården

Bus Cityterminalen, Norrmalmstorg, Sergels Torg

Tram ligne 7

100% Stockholm
Shopping à Norrmalm

Vous êtes-vous déjà demandé pourquoi les Stockholmois sont toujours à la pointe de la mode ? Le shopping est un sport national en Suède, et Norrmalm demeure l'un des meilleurs endroits pour s'y adonner. Les élégantes vitrines du quartier présentent tout à la fois de l'artisanat, des objets en cristal, du matériel de plein air et des vêtements de créateurs. Dernière bonne nouvelle : ce quartier est en grande partie piétonnier.

❶ Norrmalmstorg

Commencez votre marathon au cœur du quartier, sur la vaste place de Normalmstorg. À son extrémité est, vous trouverez le temple local de la branchitude : **Acne** (☎08-611 64 11 ; www.acnestudios.com ; Norrmalmstorg 2 ; ⏲10h-19h lun-ven, 10h-17h sam, 12h-16h dim ; 🚋Östermalmstorg), dont la boutique a des allures de musée de la mode. Non loin de là, ne manquez pas **Marimekko** (☎08-440 32 75 ; www.marimekko.com ;

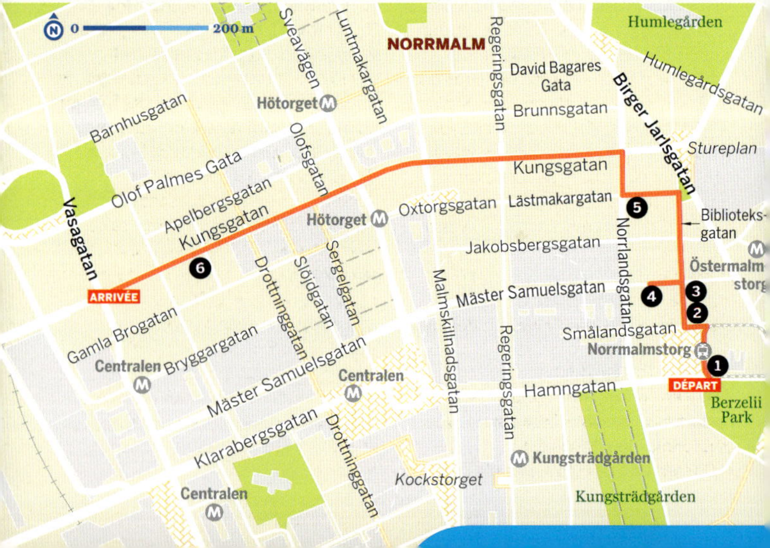

Norrmalmstorg 4 ; ⏲10h-19h lun-ven, 10h-17h sam ; Ⓜ Östermalmstorg), qui propose d'irrésistibles articles textiles aux motifs graphiques et colorés. Marque de fabrique de cette entreprise finnoise, ces motifs ornent aussi bien la vaisselle, le linge de table ou de service, les rouleaux de papier peint, les articles de papeterie, les accessoires de mode (des sacs notamment) et les vêtements.

❷ Biblioteksgatan

De l'extrémité nord de Norrmalmstorg part une rue piétonne, bordée des enseignes les plus courues. Juste à côté, vous trouverez la boutique de la célèbre styliste suédoise, **Filippa K** (www.filippa-k.com ; Biblioteksgatan 2 ; ⏲10h-19h lun-sam, 12h-17h dim ; Östermalmstorg).

❸ Mäster Samuelsgatan

Cette rue, qui traverse Biblioteksgatan, accueille les poids lourds du prêt-à-porter. Sur la droite, **Whyred** (☎08-660 01 70 ; www.whyred.se ; Mäster Samuelsgatan 3 ; ⏲10h-19h lun-ven, 10h-17h sam, 12h-16h dim ; Östermalmstorg) est réputé pour ses pulls pour homme et ses chaussures pour femme ; à côté, **BLK DNM** (☎08-678 83 00 ; www.blkdnm.com ; Mäster Samuelsgatan 1 ; Östermalmstorg), marque plutôt récente, propose des vestes furieusement branchées et d'autres pièces dessinées par Johan Lindeberg.

❹ Cow Parfymeri

Cow Parfymeri (☎08-611 15 04 ; www.cowparfymeri.se ; Mäster Samuelsgatan 9 ; ⏲11h-18h lun-ven, 11h-16h sam ; Östermalmstorg) est un temple dédié à la beauté, avec sa gamme pointue de fragrances rares, de cosmétiques (tels ceux tendance rock d'Urban Decay et de Vincent Longo) et de produits de maquillage.

❺ Faites "fika"

Besoin d'un temps calme ? Le ravissant **Bianchi Cafe & Cycles** (☎08-611 21 00 ; www.bianchicafecycles.com ; Norrlandsgatan 16 ; ⏲11h-22h lun-sam ; Östermalmstorg) est parfait pour un *fika* suédois, autrement dit une pause café, avec expresso et pâtisserie – voir aussi p. 132.

❻ Kungsgatan

Vous trouverez ici des boutiques de tous styles, suédoises et internationales, sans oublier le marché en plein air et les restaurants de Hötorget. Quelques rues plus loin, arrêtez-vous à **Iris Hantverk** (☎08-21 47 26 ; Kungsgatan 55 ; ⏲10h-20h lun-ven, 10h-15h sam ; T-Centralen, Hötorget) pour de magnifiques objets artisanaux suédois : des bibelots en bois remarquablement faits, du linge de maison, des textiles, des bougies, des savons et de la verrerie. Il y a aussi des livres sur l'artisanat. En face, **WESC** (☎08-21 25 15 ; www.wesc.com ; Kungsgatan 66 ; ⏲11h-18h lun-ven, 10h-16h sam ; Hötorget), marque de vêtements qui s'inspire de la culture skate, est une autre boutique aux allures de musée. Elle a commencé par habiller les artistes et les muses du milieu underground, avant de devenir un grand nom de la mode suédoise et d'ouvrir des magasins, de Séoul à Beverly Hills.

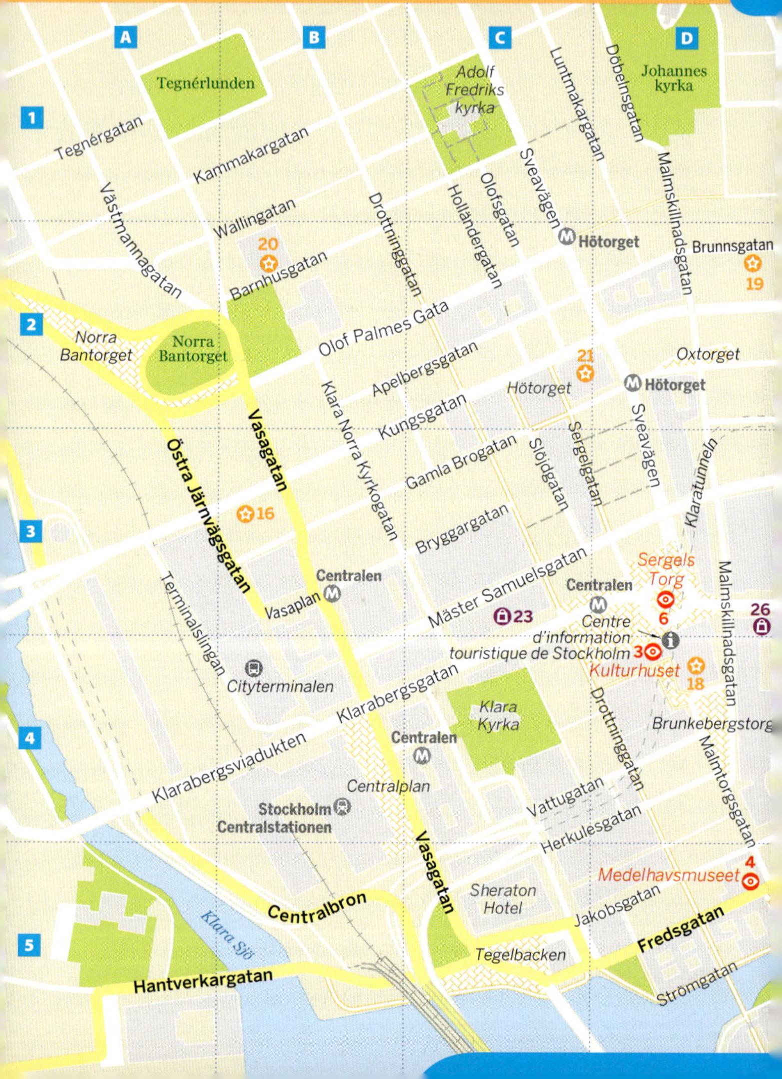
A
B
C
D
1
2
3
4
5
Tegnérlunden
Adolf Fredriks kyrka
Johannes kyrka
Tegnérgatan
Kammakargatan
Luntmakargatan
Döbelnsgatan
Västmannagatan
Wallingatan
Drottninggatan
Holländergatan
Olofsgatan
Sveavägen
Malmskillnadsgatan
Hötorget
Brunnsgatan
19
20
Barnhusgatan
Norra Bantorget
Norra Bantorget
Olof Palmes Gata
Apelbergsgatan
21
Oxtorget
Hötorget
Hötorget
Kungsgatan
Klara Norra Kyrkogatan
Vasagatan
Östra Järnvägsgatan
Gamla Brogatan
Slöjdgatan
Sergelgatan
Sveavägen
Klaratunneln
16
Bryggargatan
Sergels Torg
Centralen
Vasaplan
Mäster Samuelsgatan
Centralen
23
6
26
Terminalslingan
Centre d'information touristique de Stockholm
3
Malmskillnadsgatan
Kulturhuset
18
Cityterminalen
Klarabergsgatan
Klara Kyrka
Brunkebergstorg
Klarabergsviadukten
Centralen
Drottninggatan
Malmtorgsgatan
Centralplan
Vattugatan
Stockholm Centralstationen
Herkulesgatan
Vasagatan
4
Medelhavsmuseet
Sheraton Hotel
Klara Sjö
Centralbron
Jakobsgatan
Fredsgatan
Tegelbacken
Hantverkargatan
Strömgatan

E
F
G
H
1
2
3
4
5
0
200 m
Nos adresses
Voir p. 42
Se restaurer p. 45
Prendre un verre p. 46
Sortir p. 48
Shopping p. 49
Humlegården
Kungliga Biblioteket
Engelbrektsgatan
Birger Jarlsgatan
Engelbrektsplan
David Bagares Gata
Sturegatan
Brahegatan
Grev Turegatan
Humlegårdsgatan
Stureplan
Kungsgatan
Norrlandsgatan
ÖSTERMALM
14
15
Lästmakargatan
Regeringsgatan
Biblioteksgatan
Östermalmstorg
Östermalmstorg
Östermalmstorg
Nybrogatan
Hedvig Eleonora kyrka
Storgatan
Jakobsbergsgatan
25
10
Sibyllegatan
Armémusuem
Artillerigatan
Mäster Samuelsgatan
Skeppargatan
Smålandsgatan
Hallwylska Museet
Dramatiska teatern
Kungliga Hovstallet
Riddargatan
Norrmalmstorg
Norrmalmstorg
5
22
24
Hamngatan
Berzelii Park
Nybroplan
Kaptensgatan
Nackströmsgatan
Raoul Wallenbergs Torg
12
Strandvägen
Ligne de tramway 7
Grevgatan
Kungsträdgården
2
Wetterling Gallery
Wahrendorffsgatan
Nybrohamnen
Nybroviken
9
Kocksgränd
Västra Trädgårdsgatan
Kungsträdgården
Strandvägen
Regeringsgatan
Kungsträdgården
Jakobs Kyrka
Blasieholmsgatan
Ferry pour Djurgårdsfärjan (en été uniquement)
Fredsgatan
Karl XII's Torg
11
Grevgränd
Stallgatan
Nybrokajen
17
13
Grand Hôtel Stockholm
8
7
Hovslagaregatan
Gustav Adolfs Torg
Strömgatan
Södra Blasieholmshamnen
Norrström
Norrbro
Strömbron
Museiparken
Strömparteren
Nationalmuseum
1
Riksdagshuset
Museikajen
Ladugårdslandsviken

Voir

Nationalmuseum
MUSÉE

1 Plan p. 40, G5

Le plus vaste musée d'art du pays renferme des collections de peintures, sculptures, dessins, arts décoratifs et graphiques du Moyen Âge à l'époque actuelle. Il vient d'être rénové et sa réouverture est prévue pour octobre 2018. (musée national d'Art ; www.nationalmuseum.se ; Södra Blasieholmshamnen ; 65)

Wetterling Gallery
GALERIE

2 Plan p. 40, E4

Cette galerie à la mode, juste à côté du Kungsträdgården, propose toujours des expositions intéressantes, en général consacrées à des peintres contemporains repoussant les limites, des grands noms comme Frank Stella ou des artistes en herbe. La photographie et l'art multimédia sont aussi représentés. (08-10 10 09 ; www.wetterlinggallery.com ; Kungsträdgården 3 ; 11h-17h mer-ven, 13h-16h sam ; Kungsträdgården)

Kulturhuset
CENTRE CULTUREL

3 Plan p. 40, D4

Ouverte en 1974, cette Maison de la culture à l'architecture surprenante comprend des galeries d'art, des ateliers, un cinéma, trois restaurants et des bibliothèques disposant notamment de journaux internationaux et d'une bonne sélection de bandes dessinées et de romans graphiques en plusieurs langues. Elle abrite surtout le Stadsteatern (théâtre de la ville), qui propose des spectacles dans des salles de différentes capacités (principalement en suédois). Le principal centre d'informations touristiques de Stockholm se trouve tout en bas. (billets 12h-17h, 08-50 62 02 00 ; www.kulturhusetstadsteatern.se ; Sergels Torg ; 11h-17h, partiellement fermé lun ; ; 52, 56, 59, 69, 91 Sergels Torg, 7 Sergels Torg, T-Centralen)

Medelhavsmuseet
MUSÉE

4 Plan p. 40, D5

Ce musée méconnu, logé dans l'ancien palais de Gustav Horn, rassemble des trésors des civilisations égyptienne, grecque, chypriote, romaine et étrusque. Une grande partie de la salle principale est consacrée au résultat de fouilles suédoises à Chypre en 1927. Les nombreux objets exhumés, parfaitement conservés, sont très bien présentés. Ne ratez pas l'étincelante salle des Ors où vous verrez une couronne d'olivier en or du IVe siècle av. J.-C., ou les momies du sous-sol. Le charmant **Bagdad Cafe** (11h30-13h30) sert d'excellents mets. (Musée des Antiquités méditerranéennes ; 010-456 12 98 ; www.medelhavsmuseet.se ; Fredsgatan 2 ; entrée libre ; 12h-20h mar-ven, 12h-17h sam-dim ; Centralen, Kungsträdgården)

IGOR GROCHEV/SHUTTERSTOCK ©

Nationalmuseum

Hallwylska Museet

MUSÉE

5 Plan p. 40, F3

Ce palais privé achevé en 1898 fut la résidence de la comtesse Wilhelmina von Hallwyl, qui rassembla des collections éclectiques : ustensiles de cuisine, poteries chinoises, peintures du XVIIe siècle, argenterie, sculptures et… dents de lait de ses enfants. Elle fit don de sa maison et de son contenu à l'État en 1920. Visites guidées en anglais à 12h30 du mardi au dimanche de juin à août (le week-end uniquement le reste de l'année). Le musée est inaccessible aux personnes à mobilité réduite. (Collection Hallwyl ; 08-402 30 99 ; www.hallwylskamuseet.se ; Hamngatan 4 ; visites guidées 40 Skr ; 10h-19h mar-dim juil-août, 10h-16h le reste de l'année ; Östermalmstorg)

Sergels Torg

PLACE

6 Plan p. 40, D3

Grand lieu de rassemblement, cette place circulaire n'est pas toujours très bien fréquentée. Mieux vaut donc garder un œil sur votre portefeuille. Ce carrefour important reste pourtant idéal pour prendre le pouls de la ville. Il s'y passe toujours quelque chose, concert de musique classique improvisé ou manifestation politique d'envergure. Elle faisait l'objet d'importants travaux lors de notre dernière visite, mais restait accessible aux piétons.

Comprendre

Design suédois

Avec un rapide tour d'horizon des vitrines de Stockholm, on se rend aisément compte que la capitale est un musée vivant du design contemporain. Des briques de lait de Tom Hedqvist aux lampes "tutu" de Jonas Bohlin et aux crochets de cuisine IKEA, les objets du quotidien sont une leçon de style et d'innovation. L'élégance et la simplicité prédominent dans le design et l'architecture en Suède. L'intérêt que les Suédois portent à la nature et à l'artisanat est également manifeste.

La mondialisation de l'esthétique scandinave

En cherchant à rendre accessible à tous un design simple et élégant à des prix abordables, IKEA a pesé d'un grand poids (et continue de le faire) dans les pays scandinaves et dans le reste du monde – au point que l'on assiste à une uniformisation de la décoration intérieure à l'échelle mondiale ! Ingvar Kamprad (1926-2018) avait 17 ans quand il fonda sa société en 1943 – on évoque d'ailleurs volontiers aujourd'hui ses liens, à l'époque, avec les tenants de l'idéologie nazie. Ses objets et son mobilier bon marché et innovants s'inspirent du design moderne, qui considère la maison comme le point de départ de cet art et non sa finalité. Aujourd'hui, IKEA compte des magasins dans plus de cinquante pays. Sur l'histoire de cette marque et la personnalité de son fondateur, on peut lire *Désir d'IKEA, le bonheur en pièces détachées*, de Samuel Doux (Robert Laffont, 2017).

Une immersion dans l'art de vivre suédois

Se plonger dans le design suédois et son histoire est très facile : une promenade dans la ville suffit. Mais cela vaut la peine de regarder les vitrines des magasins, notamment celles d'enseignes emblématiques comme Svenskt Tenn (p. 93) et la Nordiska Galleriet (p. 93). Les grands magasins tels NK (p. 49) et PUB offrent aussi un bon aperçu de la manière dont les Suédois meublent leur maison. Pour une approche plus historique, visitez le Nordiska Museet (p. 63) qui montre l'évolution du design suédois au fil du temps.

Vous pouvez aussi vous rendre dans certains hôtels, bars et restaurants branchés de la capitale. Le Sturehof (p. 91) a été rénové par Jonas Bohlin ; Thomas Sandell s'est occupé du **Café Opéra** (p. 46), un bar-club de Norrmalm ; et chacune des chambres du **Birger Jarl Hotel** (☎08-674 18 00 ; www.birgerjarl.se ; Tulegatan 8 ; ch cabine à partir de 1 190 Skr, s/d à partir de 1 200/ 1 400 Skr ; P ⊖ ❄ @ ; 43 Tegnérgatan, Rådmansgatan) a été aménagée par un designer suédois différent.

Se restaurer

Rutabaga

VÉGÉTARIEN **$$$**

7 Plan p. 40, F5

La cuisine du célèbre chef Mathias Dahlgren atteint des sommets. Au menu, des salades de couleur vive et des associations inhabituelles (haricots blancs et truffes ou mangue et mozzarella), toujours impeccablement présentées. La plupart des plats sont à partager. (08-679 35 84 ; www.mdghs.se ; Södra Blasieholmshamnen 6, Grand Hôtel Stockholm ; plats 125-295 Skr ; 17h-minuit lun-sam, fermé juil ; Kungsträdgården)

Grands Verandan

SUÉDOIS **$$$**

8 Plan p. 40, F5

Au sein du vénérable Grand Hôtel, on sert ici un excellent *smörgåsbord* (buffet chaud et froid typiquement scandinave) – en particulier au moment de Noël, quand il est particulièrement élaboré (réservation conseillée). Arrivez tôt pour avoir une table près des fenêtres et régalez-vous de mets classiques comme le gravlax (saumon cru mariné) accompagné de pommes de terre, les harengs ou les boulettes de viande et leur confiture d'airelles. (08-679 35 86 ; www.grandhotel.se ; Södra Blasieholmshamnen 6, Grand Hôtel Stockholm ; smörgåsbord 545 Skr, plats 205-365 Skr ; 7h-10h30 et 11h30-23h ; Kungsträdgården)

Holy Greens

VÉGÉTARIEN **$**

9 Plan p. 40, E4

Ce café accueillant et propret sert de copieux plats diététiques composés de légumes verts, de céréales et de super aliments à des prix raisonnables. Goûtez son “Laxokado” (saumon cuit au four avec riz noir, avocat, légumes au vinaigre, graines de tournesol et légumes verts) ou ses falafels assortis d'une sauce au citron crémeuse, de tomates cerises et de pois gourmands. Tout est sans gluten. Profitez aussi des bienfaits d'un petit verre de jus de betterave-pamplemousse (20 Skr). (08-22 62 22 ; www.regeringsgatan.holygreens.se ; Regeringsgatan 28 ; plats 85-105 Skr ; 8h-19h lun-ven, 11h-17h sam-dim ; ; T-Centralen)

Wiener Caféet

CAFÉ **$$**

10 Plan p. 40, F3

Le somptueux cadre Art déco évoque les grands cafés viennois et quelques adresses parisiennes. Selon le chef pâtissier Per Bäckström, c'est ici qu'il faut venir prendre un thé (14h-17h), pour goûter aux scones, aux choux à la crème et aux gâteaux qui accompagnent le divin nectar. (08-68 42 38 50 ; www.wienercafeet.com ; Biblioteksgatan 6-8 ; plats 185-269 Skr, sandwichs 85-95 Skr, thé de l'après-midi 329 Skr ; 7h-21h lun-ven, 9h30-21h sam, 9h30-19h dim ; ; 291, Östermalmstorg)

Operakällaren

FRANÇAIS, SUÉDOIS **$$$**

11 Plan p. 40, E5

Le cadre très XIXe siècle de l'Opéra de Stockholm sert d'écrin à une cuisine française classique revisitée : coquilles Saint-Jacques grillées au caramel, purée de chou-fleur, jambon *pata negra* et

> **100% Stockholm**
> **Du style**
> Stockholm est une ville férue de mode. En journée, le style décontracté est de mise. Le soir en revanche, habillez-vous avec élégance pour dîner au restaurant ou sortir dans une boîte de nuit. De septembre à mai, chapeau, gants et écharpe sont de rigueur, même s'il faut les laisser au vestiaire dans de nombreux clubs.

émulsion de beurre noir. Réservez au moins deux semaines à l'avance. (☎08-676 58 00 ; www.operakallaren.se ; Karl XII's Torg 10 ; menu dégustation 1 050-5 950 Skr ; ⏲18h-1h mar-sam, fermeture annuelle mi-juil à mi-août ; Kungsträdgården)

Prendre un verre

Berns Salonger — BAR

12 Plan p. 40, F4

Fondé en 1862, ce somptueux palais est un haut lieu de la nuit. Si la magnifique salle de bal programme souvent d'excellents concerts, le plus bel atout du Berns est son chaleureux bar-club au sous-sol, qui accueille une clientèle de créatifs branchés, des DJ de haut vol et des projections d'œuvres artistiques. Consultez le site Web pour connaître la programmation, qui nécessite parfois d'acheter les billets à l'avance. (☎08-56 63 22 00 ; www.berns.se ; Berzelii park ; ⏲club 23h-4h jeu-sam, parfois mer et dim, bar à partir de 17h tlj ; Kungsträdgården)

Café Opera — CLUB

13 Plan p. 40, E5

Les stars du rock ont besoin d'un lieu démesuré, avec lustres étincelants, fresques au plafond et ambiance jet-set, pour échanger, prendre un verre et s'amuser. C'est le cas de ce bar-club suffisamment accueillant pour que les habitués s'y sentent comme des vedettes. Un très bon choix si vous n'avez qu'une soirée à Stockholm. (☎08-676 58 07 ; www.cafeopera.se ; Karl XII's Torg ; plats à partir de 160 Skr ; ⏲22h-3h mer-dim ; Kungsträdsgården)

East — BAR-RESTAURANT

14 Plan p. 40, F2

L'East est à la fois un bar, un restaurant et un club. Ses excellents cocktails en font le lieu de prédilection des barmen. Ses plats fusion trahissent l'influence du Vietnam, de la Corée et du Japon. Situé au cœur d'Östermalm dans la Stureplan, il est parfait pour se restaurer avant ou pendant une soirée dans le club. (☎08-611 49 59 ; east.se ; Stureplan 13 ; plats du dîner 247-385 Skr ; ⏲11h30-3h lun-sam, 17h-3h dim ; Östermalmstorg)

Solidaritet — CLUB

15 Plan p. 40, F2

La musique électronique prédomine au Solidaritet qui accueille aussi bien de célèbres DJ suédois qu'étrangers. Le décor, conçu par de grands architectes d'intérieur du pays, est sobre et élégant. Le club est tout près de Stureplan, haut lieu de la vie

Comprendre

Petit et grand écran suédois

La Suède a connu un âge d'or à l'époque du cinéma muet, avec des chefs-d'œuvre comme *Körkarlen* (*La Charrette fantôme*) de Victor Sjöström réalisé en 1920. En 1967 sortit *Je suis curieuse : jaune* de Vilgot Sjöman, un film sociopolitique dont la renommée internationale tient davantage au fait qu'il fut classé X qu'à son propos, pourtant pertinent.

Bergman

Un homme a défini le cinéma suédois moderne : Ingmar Bergman. Avec des films contemplatifs tels *Le Septième Sceau*, *À travers le miroir* et *Persona*, le réalisateur a exploré des thèmes métaphysiques comme l'aliénation humaine, l'absence de dieu, le sens de la vie et l'inéluctabilité de la mort.

Renouveau

Récemment, les villes suédoises de Trollhättan et Ystad sont devenues des centres cinématographiques attirant des réalisateurs comme Lukas Moodysson, dont les films *Lilja 4-Ever, Fucking Åmål* et *Together* ont connu un succès public et critique. Son dernier film, *We Are the Best!* (2014), est un film léger sur trois collégiennes qui décident de former un groupe punk dans la Stockholm des années 1980.

Millenium

L'adaptation cinématographique du best-seller de Stieg Larsson, *Millenium, le film*, réalisé par Niels Arden Oplev (2009) a connu un certain succès commercial. Son remake hollywoodien, *Millenium : Les hommes qui n'aimaient pas les femmes*, réalisé cette fois par David Fincher (2011), avec Daniel Craig dans le rôle du journaliste Mikael Blomkvist, a été tourné en décor naturel, en Suède.

Palme d'or à Cannes

Né près de Göteborg en 1974, Ruben Östlund s'est fait remarquer en France avec son intelligent *Snow Therapy* (2014), puis avec *The Square* (2017), qui a reçu la Palme d'or lors du Festival de Cannes.

Séries

Bron (The Bridge), une excellente coproduction suédo-danoise, est une série noire explorant depuis 2011 des thèmes inédits, comme les tensions au sein de la Scandinavie, les problèmes liés à l'orientation sexuelle et au genre, ou encore le traitement des minorités et des immigrés, tout en imposant un certain langage visuel, purement scandinave. Entre 2011 et 2014, *Real Humans : 100% humains*, réalisée par Lars Lundström, explorait la cohabitation entre robots et humains, et les relations complexes qui en découlaient, dans un monde très proche du nôtre.

Bon plan

Billets de spectacle

Réservez vos places (assez tôt) pour assister à un concert du Fasching ou du Glenn Miller Café, ou à des spectacles de danse, des opéras et des pièces de théâtre qui ont lieu dans le quartier de Norrmalm. Les places partent vite.

nocturne stockholmoise. (08-678 10 50 ; www.solidaritet.eu ; Lästmakargatan 3 ; 23h-5h mer-sam ; Östermalmstorg)

Sortir

Fasching

JAZZ

16 Plan p. 40, B3

Le meilleur club de jazz de Stockholm accueille des concerts presque tous les soirs. Des DJ sont aux commandes le vendredi (afro-beat, latino, néo-soul ou R&B) et le samedi (rétro-soul, disco, rare grooves). (08-53 48 29 60 ; www.fasching.se ; Kungsgatan 63 ; 18h-24h lun-jeu et dim, 18h-4h ven-sam ; T-Centralen)

Operan

OPÉRA

17 Plan p. 40, E5

Rendez-vous à l'Opéra royal pour écouter des ténors et des sopranos des talent ou assister à un ballet classique. Vous pourrez vous procurer des billets bon marché pour des places à visibilité limitée. Des concerts sont également organisés à l'heure du déjeuner pour 275 Skr. (08-791 44 00 ; www.operan.se ; Gustav Adolfs Torg, Operahuset ; billets 240-1 070 Skr ; Kungsträdgården)

Stockholms Stadsteatern

THÉÂTRE

18 Plan p. 40, D4

Ce théâtre, logé à l'intérieur de la Kulturhuset, programme régulièrement des spectacles et invite aussi des troupes de théâtre étrangères. Il abrite temporairement certaines collections du Nationalmuseum fermé pour rénovation. (08-50 62 02 00 ; www.stadsteatern.stockholm.se ; Kulturhuset, Sergels Torg ; billets 200-350 Skr ; T-Centralen)

Glenn Miller Café

JAZZ, BLUES

19 Plan p. 40, D2

Plein de charme, ce petit café jazzy attire une joyeuse clientèle d'habitués. On peut aussi s'y restaurer d'une excellente cuisine d'inspiration française à un prix abordable. Concerts du mercredi au samedi. (08-10 03 22 ; Brunnsgatan 21A ; 17h-1h lun-jeu, 17h-2h ven-sam ; Hötorget)

Dansens Hus

DANSE

20 Plan p. 40, B2

Étape obligée pour tout amateur de danse contemporaine. La programmation est riche, du chorégraphe britannique Akram Khan au novateur Daniel Léveillé. (08-50 89 90 90 ; www.dansenshus.se ; Barnhusgatan 12-14 ; billets 300 Skr environ, demi-tarif pour les moins de 20 ans ; T-Centralen)

Konserthuset

MUSIQUE CLASSIQUE

21 Plan p. 40, C2

Des concerts de musique classique et de merveilleux spectacles ont lieu dans ce joli bâtiment bleu, qui accueille l'Orchestre philharmonique royal de Stockholm. Les nymphes en bronze (*Le Puits d'Orphée*) à l'entrée sont signées Carl Milles. (08-50 66 77 88 ; www.konserthuset.se ; Hötorget ; billets 80-325 Skr ; Hötorget)

Shopping

NK

GRAND MAGASIN

22 Plan p. 40, E3

Ces Galeries Lafayette à la suédoise, fondées en 1902, font partie des monuments de la ville : leur enseigne est visible de tout Stockholm. Vous y trouverez la plupart des grandes marques et plusieurs cafés agréables. Les rayons du sous-sol sont parfaits pour faire le plein de souvenirs et de produits d'épicerie fine. À Noël, ses vitrines rivalisent d'inventivité. (08-762 80 00 ; www.nk.se ; Hamngatan 12-18 ; 10h-20h lun-ven, 10h-18h sam, 11h-17h dim ; T-Centralen)

Åhléns

GRAND MAGASIN

23 Plan p. 40, C3

Le poids lourd des grands magasins suédois a forcément ce que vous cherchez, du linge de maison aux bibelots, et tout est fabriqué en Suède. (08-676 60 00 ; Klarabergsgatan 50 ; 10h-21h lun-ven, 10h-19h sam, 11h-19h dim ; T-Centralen)

PK Huset

CENTRE COMMERCIAL

24 Plan p. 40, E3

On y trouve des marques de mode et de grandes enseignes suédoises, comme Systembolaget et Apotek. Il jouxte le magasin NK. (0768-71 50 10 ; www.pkhuset.com ; à l'angle de Hamngatan et Norrlandsgatan ; 10h-20h lun-ven, 10h-18h sam, 10h-17h dim ; T-Centralen)

Mood Stockholm

BOUTIQUES

25 Plan p. 40, E3

À cheval entre les quartiers commerçants d'Östermalm et de Norrmalm, ce lieu très central est parfait pour oublier les rues encombrées et faire des emplettes, prendre un verre ou un repas avec des amis. Des marques suédoises et étrangères très connues y ont des points de vente. (08-696 31 00 ; moodstockholm.se ; Regeringsgatan 48 ; 10h-20h lun-ven, 10h-18h sam, 11h-17h dim ; Hötorget, Östermalmstorg)

Gallerian

CENTRE COMMERCIAL

26 Plan p. 40, D3

Le premier centre commercial de Stockholm, au cœur des quartiers commerçants, compte des magasins vendant des marques suédoises et étrangères réputées. Il vous donne la possibilité d'introduire une note suédoise dans votre garde-robe ou simplement de faire une pause. (08-53 33 73 00 ; Hamngatan 37 ; 10h-20h lun-ven, 10h-18h sam, 11h-18h dim ; T-Centralen).

Explorer

Djurgården et Skeppsholmen

Ces deux îles, Djurgården et Skeppsholmen, rassemblent certains des meilleurs musées de Stockholm dans un décor de rêve : jardins, cours d'eau paisible, pistes cyclables, aires de pique-nique... Pour vous y rendre, rien de plus simple car elles sont à deux pas du cœur de la ville : empruntez la passerelle depuis le centre ou, en été, le ferry le temps d'un court trajet depuis Slussen.

L'essentiel en un jour

Arrivez de bonne heure à **Skansen** (p. 52), en sachant ce que vous désirez voir – vous serez sans doute obligé de faire des choix (on y passerait volontiers la journée). Déjeunez rapidement sur place avant de partir, ou rendez-vous au **Wärdshuset Ulla Winbladh** (p. 67).

Consacrez ensuite une heure ou deux au **Vasamuseet** (p. 56), dédié à un vaisseau de guerre englouti. Si vous séjournez à Stockholm avec des enfants assez grands, vous pouvez les envoyer au Vasamuseet pendant que vous visitez l'excellent **Spritmuseum** (p. 63), qui vous éclairera sur l'histoire de l'alcool en Suède. Le musée abrite en outre un agréable café.

Si vous avez programmé votre visite un mardi ou un vendredi, le **Moderna Museet** (p. 58) est ouvert jusqu'à 20h et vous aurez tout le temps d'y flâner. Profitez-en pour dîner au restaurant primé du musée.

Pour une journée 100% Stockholm à Djurgården, rendez-vous p. 60 et p. 96 pour un détour par les musées de Gärdet et Ladugårdsgärdet.

Les incontournables

100% Stockholm

Le meilleur du quartier

Musées et galeries d'art

Avec des enfants

Se restaurer

Comment y aller

Bus n°44, 65, 69

Tram ligne 7 depuis Norrmalmstorg

Ferry (Djurgårdsfärjan) Relie Djurgården à Slussen et à Skeppsholmen toutes les 10 minutes ; gratuit avec carte SL

Métro (tunnelbana) Kungsträdgården, T-Centralen

Les incontournables
Skansen

Premier musée en plein air au monde, Skansen est une curiosité de la ville recommandée par les Stockholmois. Occupant un vaste parc à flanc de colline, il a été fondé en 1891 par Artur Hazelius afin d'illustrer la vie des Suédois d'autrefois. Il retrace en effet l'histoire du pays par le biais de l'habitat et vous y verrez de nombreux bâtiments traditionnels, maisons, fermes ou cabanes sámi, provenant de tout le pays. Skansen comprend aussi un zoo, un aquarium et des lieux pour se désaltérer.

Plan p. 62, C3

www.skansen.se

Djurgårdsvägen

adulte/- 18 ans 180/60 Skr

10h-18h, horaires plus étendus en été ; P

69, Djurgårdsfärjan, 7

Zoo de Skansen

Le zoo de Skansen, avec ses élans, ses rennes, ses carcajous, ses lynx et autres représentants de la faune locale, est très agréable, surtout au printemps, quand les petits animaux viennent de naître (les oursons bruns sont irrésistibles). Environ 75 espèces endémiques vivent ici, de même que quelques espèces importées. Dans une partie du zoo, les enfants peuvent approcher de petits animaux plus familiers - chats, chèvres, poules...

Atelier de souffleurs de verre

Cet atelier est un lieu incontournable ; on peut y admirer le travail des souffleurs de verre et observer la formation de la pâte de verre en fusion. Autrefois logé dans un sous-sol à Slussen, l'atelier a été aménagé à son endroit actuel en 1936. La femme qui le dirige aujourd'hui appartient à la troisième génération de la famille d'origine.

Bâtiments sauvegardés

Skansen abrite une boulangerie toujours en activité, une banque, un bureau de poste, un atelier d'usinage, des jardins botaniques et la demeure du créateur, Artur Hazelius. Une partie de la pharmacie du château de Drottningholm a été déplacée ici ; deux cabanes proviennent de Tantolunden, un jardin ouvrier de Södermalm. On peut aussi y voir un campement sámi, des fermes représentant plusieurs régions, un manoir et une école.

Musique et événements

Des spectacles de danse traditionnelle ont lieu tous les jours à Skansen et le site accueille un grand festival d'été (le premier vendredi après le 19 juin). Si vous séjournez à Stockholm au moment d'une fête nationale, comme la nuit

À savoir

- Les prix et les horaires varient selon la saison (tout comme l'heure de fermeture des ateliers) : consultez le site Web.
- De mi-juin à fin août, les ferries Waxholmsbolaget (www.waxholmsbolaget.se) relient Slussen à Djurgården toutes les 10 minutes ; la carte SL est valable à bord. Le trajet dure 5 minutes.
- Une carte et une excellente brochure (en anglais) sont proposées.
- Vous pouvez emprunter un escalator pour vous rendre au sommet du parc, puis descendre à pied.

Une petite faim ?

Skansen compte de nombreux cafés, restaurants et stands. Arrêtez-vous à la boulangerie traditionnelle pour prendre un café, une pâtisserie ou pour déjeuner.

Comprendre

Le passé comme si vous y étiez

Les bâtiments de l'écomusée représentent différents commerces et secteurs de l'industrie de la Suède d'autrefois. À l'intérieur, des artisans, des musiciens ou des cuisiniers en costume d'époque sont toujours prêts à répondre aux questions des visiteurs.

de Walpurgis (30 avril) ou la Sainte-Lucie (13 décembre), des célébrations sont organisées. En été, ne manquez pas Allsång, une émission télévisée musicale qui prend place sur la scène principale.

Aquarium

L'**aquarium de Skansen** (Akvariet ; ☎08-442 80 39 ; www.skansen.se ; adulte/- 18 ans 100/60 Skr ; ⏲10h-16h ou 17h, fermeture variable selon la saison ; 🚋7) mérite le détour. Il abrite notamment des piranhas, des lémuriens et des ouistitis pygmées (les plus petits singes du monde). Consultez les horaires à l'entrée principale de Skansen (contrairement à la plupart des sites de Skansen, l'aquarium applique un droit d'entrée distinct).

Entrepôt Vastveit

Cette cabane en bois massif, située tout au nord de Skansen, est un entrepôt importé de Norvège dont certaines parties datent du XIVe siècle. Il s'agit du plus ancien bâtiment du parc. Sa forme est typique des cabanes traditionnelles suédoises.

Dalahäst

Le *dalahäst* (ou cheval de Dalécarlie) est une figurine de cheval en bois peint, généralement en rouge, originaire de la région de Dalécarlie. Le parc en possède une version géante, très appréciée des jeunes enfants. Vous trouverez également une aire de jeux sur Orsakullen, en plein centre de Skansen, avec toilettes et stands de restauration à proximité. Des *dalahästar* de taille plus pratique sont en vente dans la principale boutique de souvenirs de Skansen (et partout en ville).

0
400 m
Djurgårdsbrunnsviken
Ladugårdslandsviken
Waldemarsviken
Saltsjön
DJURGÅRDEN
Djurgården
Nobelparken
Galärparken
Skeppsholmen
Svensksundsparken
Kastellholmen
Kastellparken
Strandvägen
Djurgårdsbron
Nobelgatan
De Besches Väg
Sirishovsvägen
Rosendalsvägen
Rosendalsterrassen
Orangerivägen
Bellmans Väg
Bellmansro
Waldemarsudde
Singelbacken
Djurgårdsvägen
Zoo de Skansen
Sollidsbacken
Aquarium
Tobaks & Tändsticksmuseum
Djurgårdsslätten
Skansen
Hazeliusbacken
Hazeliusporten
Biologiska museet
Nordiska Museet - Vasamuseet
Galärvarvsvägen
Galärkyrkogården
Konsthaller Grönalund
Ateliers de souffleurs de verre
Långa Gatan
Sjömansgränd
Bergsgränd
Örlogsvägen

Les incontournables
Vasamuseet

Imposant vaisseau de guerre et fierté de la Couronne suédoise, le *Vasa* (69 m de longueur, 52 m de hauteur) appareilla pour son voyage inaugural le 10 août 1628. Quelques minutes seulement après son départ, le bateau sombrait au fond du Saltsjön, entraînant les cent membres d'équipage dans la mort. Le musée, situé sur Djurgården, expose l'épave du navire et retrace les opérations qui ont permis de le remonter à la surface, tout en replaçant ces événements dans leur contexte historique.

Plan p. 62, B2

www.vasamuseet.se

Galärvarvsvägen 14

adulte/- de 18 ans 130 Skr/gratuit, 100 Skr mer 10h-17h

8h30-18h juin-août, 10h-17h sept-mai ; P

44, Djurgårdsfärjan, 7

Reproductions des statues en bois polychrome qui ornaient le château arrière du *Vasa*

Pièces exposées

Le musée présente sur cinq niveaux les objets récupérés sur le *Vasa*, la vie à bord, les combats navals et la navigation au XVIIe siècle. Le rez-de-chaussée s'intéresse à la vie des malheureux passagers, avec une installation émouvante qui permet de découvrir leur visage, reconstitué grâce aux techniques de la médecine légale. Le navire a été remonté à la surface en 1961 et sa structure en bois de 14 000 pièces réassemblée. Des expositions temporaires sont régulièrement proposées.

Le monde au XVIIe siècle

L'exposition permanente, *Meanwhile* ("Pendant ce temps"), replace la catastrophe du *Vasa* dans son époque à l'aide d'images évoquant des événements qui se sont déroulés au même moment, aux quatre coins du globe, donnant ainsi une résonance concrète à la tragédie.

Maquette du navire

Près de l'entrée, un modèle réduit du bateau à l'échelle de 1/10 a été peint à partir de recherches approfondies sur l'aspect que devait avoir le vaisseau à l'origine. Après l'avoir observé, admirez les décorations qui ornent le vrai *Vasa*. La poupe, en particulier, est magnifique. Très endommagée dans l'accident, elle a fait l'objet d'une restauration méticuleuse.

Pont supérieur

La reconstruction du pont supérieur permet aux visiteurs d'avoir un aperçu de la vie à bord d'un navire de cette taille. Le *Vasa* possédait deux ponts, avec un nombre anormalement élevé de canons (64 pour être exact), qui pourrait en partie expliquer son chavirement.

À savoir

- Des visites guidées en anglais sont organisées toutes les 30 minutes en été.
- Près de l'entrée du musée, un cinéma diffuse un film de 25 minutes sur des thèmes qui ne sont pas abordés dans les expositions.
- Vous pouvez monter sur le pont supérieur reconstitué, mais pas sur le vrai bateau pour des raisons de sécurité.

Une petite faim ?

Un restaurant à l'intérieur du musée sert du café, des boissons et des repas complets. À l'extérieur, vous êtes proche du Wärdshuset Ulla Winbladh (p. 67), qui dispose d'une agréable terrasse.

Les incontournables
Moderna Museet

Sur Skeppsholmen, le Moderna Museet est le temple de l'art moderne et contemporain à Stockholm, avec une remarquable collection de peintures, sculptures, photographies, art vidéo et installations. On peut y admirer des œuvres de Pablo Picasso, Salvador Dalí, Andy Warhol, Irving Penn ou Damien Hirst, ainsi que de leurs contemporains scandinaves et d'artistes méconnus. Le musée propose aussi des expositions temporaires bien conçues et des rétrospectives (nécessitant souvent l'achat d'un billet séparé), fréquemment consacrées à des artistes du Nord.

Plan p. 62, A2

08-52 02 35 00

www.modernamuseet.se

Exercisplan 4 ; gratuit

10h-20h mar et ven, 10h-18h mer-jeu, 11h-18h sam-dim ; P

65, Djurgårdsfärjan

De 1900 aux années 1940

Les galeries de l'étage principal du musée sont organisées par époques, bien que cette disposition ne soit pas figée (et qu'une vaste section serve aux expositions temporaires accessibles avec un billet séparé). Dans la première des trois galeries accueillant la collection permanente, se trouvent des œuvres des premiers modernistes, comme Edvard Munch, Ernst Ludwig Kirchner, Giorgio De Chirico et les pièces de Marcel Duchamp.

Artistes de l'après-guerre

Toujours à l'étage principal, vous pourrez admirer les œuvres de peintres connus : Francis Bacon, Salvador Dalí, Robert Rauschenberg, Georges Braque et Pablo Picasso, ainsi qu'un exubérant collage d'Henri Matisse recouvrant un mur entier.

Des années 1970 à aujourd'hui

La galerie la plus éloignée expose généralement les dernières acquisitions de la collection permanente. On peut y voir des toiles de Barbara Kruger, des installations de Donald Judd et les travaux audacieux d'artistes moins connus, à côté d'œuvres marquantes d'artistes scandinaves.

Jardin de sculptures

Plusieurs œuvres et sculptures ornent le parc du musée. Les plus voyantes sont les grandes silhouettes et les "nanas" colorées de Niki de Saint Phalle et de Jean Tinguely, qui forment *Le Paradis fantastique*. Vous remarquerez aussi *The Four Elements* (1961) d'Alexander Calder et un ensemble signé Picasso (*Déjeuner sur l'herbe*, 1962), ainsi que des pièces réalisées par des artistes scandinaves, tels les Suédois Björn Lövin (*Leninmonument, 13 avril 1917*, 1977) ou Lars Englund (*Instabil*, 2005), et le Danois Bjørn Nørgaard (*Mannen på templet*, 1980).

☑ À savoir

- Le musée est fermé le lundi.
- La collection permanente est régulièrement réorganisée et certaines œuvres sont parfois prêtées à d'autres musées.

Une petite faim ?

Sur place, vous trouverez un **restaurant** très prisé, avec une vue magnifique sur la mer ; un bar dans le hall (à côté de l'excellente librairie), ainsi que le paisible petit **Café Blom** dans la jolie cour duquel il fait bon déjeuner.

100% Stockholm
Escapade à Djurgården

Dans un monde idéal, toutes les villes disposeraient d'un lieu comme Djurgården, un havre de paix arboré à l'écart de l'agitation urbaine. Cette île, pourtant située à deux pas du centre-ville, est tout à fait dépaysante. Elle abrite l'écomusée du Skansen et d'autres excellents sites, mais les Stockholmois apprécient aussi ses sentiers qui serpentent en forêt, où ils viennent faire du sport, pique-niquer ou simplement flâner.

❶ Porte bleue

Dès que vous aurez posé le pied sur la passerelle (Djurgårdsbron) entre Norrmalm et Djurgården, vous découvrirez une imposante porte en fer forgé bleu vif sur votre gauche. Franchissez-la, et vous cheminerez sur le sentier qui longe Djurgårdsbrunnsviken, le cours d'eau qui sépare Djurgården de Ladugårdsgärdet au nord. Profitez-en pour observer les canetons et les bateaux qui passent.

❷ Palais de Rosendal

Vous finirez par trouver des pancartes indiquant la direction du **Rosendals Slott** (08-402 61 30 ; www.kungahuset.se ; Rosendalsvägen 49 ; adulte/- 18 ans 100/ 50 Skr ; visites guidées toutes les heures 12h-15h mar-dim juin-août ; 44, 69, 7), palais construit pour le roi Charles XIV dans les années 1820 et l'un des plus beaux exemples d'intérieurs de style Empire en Suède. L'entrée n'est accessible que dans le cadre d'une visite guidée, mais les abords méritent à eux seuls le détour, et c'est un monument qui permet de se repérer sur l'île.

❸ Jardins botaniques

Les *trädgård* (jardins botaniques) adjacents au Rosendals Slott méritent aussi une visite. Leur vocation est de sensibiliser le public aux techniques et aux avantages de la culture biologique. On y cultive notamment des herbes, des roses, des légumes et des vignes. L'orangerie a été édifiée en 1848 par le roi Oscar Ier, fils de Charles XIV (voir l'encadré p. 26).

❹ Biskopsudden

La bande de terre qui se détache légèrement de l'île principale offre une vue imprenable sur Stockholm. Installé au bord de l'eau, le **Cafe Ekorren** (www.cafeekorren.se ; Biskopsvägen 5 ; plats 185-225 Skr ; 10h-20h mai-sept ; 47, 69) est l'endroit idéal pour prendre un café et une glace – ou déjeuner, car il fait aussi restaurant.

❺ Jardins du Prins Eugen Waldemarsudde

Les jardins qui entourent l'excellent musée **Prins Eugen Waldemarsudde** (voir aussi p. 65 ; plan p. 62, E4 : 08-54 58 37 07 ; www.waldemarsudde.com ; Prins Eugens väg 6 ; adulte/- 18 ans 150 Skr/gratuit ; 11h-17h mar-dim, 11h-20h jeu, jardins 8h-21h ; 7), émaillés de sculptures, sont magnifiquement aménagés, avec une multitude de sentiers qui longent la rive et offrent des points de vue uniques. C'est ici que le prince Eugène est enterré, dans un paisible bosquet. Emportez votre appareil photo.

❻ Mémorial de l'Estonia

En vous dirigeant vers le pont par lequel vous êtes arrivé, vous passerez devant les musées qui entourent Skansen. Faites un petit détour pour voir le monument construit en hommage aux victimes de l'*Estonia*, un ferry qui a fait naufrage le 28 septembre 1994, entraînant la mort de 852 personnes.

Nos adresses
Les incontournables p. 52
Voir p. 63
Se restaurer p. 66
0 200 m
A
B
C
D
E
1
2
3
4
Vasamuseet
Moderna Museet
Skansen
Nordiska Museet 1
Spritmuseum 2
Thielska Galleriet 3
Tekniska Museet 4
ABBA: The Museum 5
Aquaria Vattenmuseum 6
Strömma Kanalbolaget 7
Junibacken 8
Sjöcafeet 9
Prins Eugens Waldemarsudde 10
Arkitektur- och Designcentrum 11
Tobaks & Tändsticksmuseum 12
Gröna Lund Tivoli 13
14
15
16
Visit Djurgården
DJURGÅRDEN
Djurgården
Skeppsholmen
Kastellholmen
Kastellparken
Beckholmen
Gröna Lund
Strömmen
Saltsjön
Waldemarsviken
Ladugårdslandsviken
Djurgårdsbrunnsviken
Narvavägen
Strandvägen
Riddargatan
Grevgatan
Styrmansgatan
Ulrikagatan
Dag Hammarskjölds väg
Nobelgatan
Djurgårdsbron
Ligne de tramway 7
Galärparken
Galärvarvsvägen
Galärkyrkogården
Nordiska Museet - Vasamuseet
Hazeliusporten
Konsthallen
Grönalund
Lilla Allmänna Gränd
Djurgårdsslätten
Djurgårdsvägen
Singelbacken
Sollidsbacken
Sirishovsvägen
Rosendalsvägen
Rosendalsterrassen
De Besches Väg
Orangerivägen
Valmundsvägen
Bellmansro
Prins Eugens väg
Waldermarsudde
Slupskjulsvägen
Tyghusparken
Batteriparken
Excercisplan
Långa Raden
Svensksundsparken
Amiralitetsparken

Nordiska Museet

Voir

Nordiska Museet

MUSÉE

1 Plan p. 62, B2

Avec ses tourelles et son architecture de style Renaissance néo-suédoise, cet édifice érigé en 1907 fut la création phare d'Isak Gustaf Clason, qui dessina aussi les plans de l'Östermalms Saluhall (p. 90). Le Nordiska est le plus grand musée consacré à l'histoire culturelle du pays. Sa collection reflète l'évolution de la vie en Suède, du XVIe siècle à nos jours. Les expositions sont éclectiques : folklore sámi, vêtements, arts de la table et tableaux de la main du dramaturge August Strindberg (1849-1912). Le musée rend ainsi hommage à l'auteur de *Mademoiselle Julie* et de *La Danse de mort* en exposant la plus grande collection au monde de ses peintures, ainsi qu'une partie de ses affaires personnelles. (08-51 95 47 70, www.nordiskamuseet.se ; Djurgårdsvägen 6-16 ; adulte/- 18 ans 120 Skr/gratuit, 17h-20h mer sept-mai gratuit ; 10h-17h sept-mai, 9h-17h le reste de l'année, jusqu'à 20h mer ; 44, 69, Djurgårdsfärjan, 7)

Spritmuseum

MUSÉE

2 Plan p. 62, B2

Le Spritmuseum s'intéresse à la relation complexe qu'entretient la Suède avec l'alcool, dans un pays où la vente de vins et spiritueux est un monopole d'État, exercé par les

Bon plan

Planning

Pour les musées fréquentés (ABBA, par exemple), mieux vaut acheter les billets en ligne, en réservant l'heure de visite.

magasins Systembolaget. L'exposition permanente évoque les traditions, les chansons et les plats associés à l'alcool en Suède. Il est possible d'agrémenter sa visite d'un parcours de dégustation (250 Skr). (Musée des Alcools ; 08-12 13 13 00 ; www.spritmuseum.se ; Djurgårdsvägen 38 ; adulte/- 18 ans 120 Skr/gratuit ; 10h-17h lun, 10h-19h mar-sam, 12h-17h dim ; 44, 69, Djurgårdsfärjan, 7)

Thielska Galleriet GALERIE

3 Plan p. 62, E3

Les passionnés d'art scandinave viennent ici admirer la collection pointue d'œuvres de Carl Larsson, Anders Zorn, Ernst Josephson et Bruno Liljefors, ainsi que des tableaux et des croquis d'Edvard Munch, dont un portrait de l'ancien propriétaire de la collection, le magnat Ernest Thiel. (08-662 58 84 ; www.thielska-galleriet.se ; Sjötullsbacken 8 ; adulte/- 18 ans 130 Skr/gratuit ; 12h-17h mar-dim, jeu 12h-20h ; 69)

Tekniska Museet MUSÉE

4 Plan p. 62, E1

Tekniska renferme une myriade d'expositions interactives sur les sciences et techniques. Le *Teknorama* est une salle d'expériences cinétiques et d'installations conçues pour tester l'équilibre, la souplesse et la force. Citons aussi un chemin de fer miniature, un tour d'horizon des inventions féminines et un jeu sur le changement climatique. (Musée des Sciences et Techniques ; 08-450 56 00 ; www.tekniskamuseet.se ; Museivägen 7 ; adulte/enfant 150/100 Skr, gratuit 17-20h mer ; 10h-17h jeu-mar, jusqu'à 20h mer ; ; 69 Museiparken)

ABBA The Museum MUSÉE

5 Plan p. 62, C3

Ce musée dédié aux demi-dieux de la pop suédoise fera le bonheur des fans, qui apprécieront ce retour au temps du disco au gré des souvenirs exposés : guitares, photos d'époque de Benny, Björn, Frida ou Agnetha, vidéos culte, costumes de scène et même le bus dans lequel le groupe se déplaçait à ses débuts. Réjouissant ! (08-12 13 28 60 ; www.abbathemuseum.com ; Djurgårdsvägen 68 ; adulte/- 18 ans 250/95 Skr ; 9h-19h lun-ven juin-août, horaires restreints le reste de l'année ; 67, Djurgårdsfärjan, Emelie, 7)

Aquaria Vattenmuseum MUSÉE

6 Plan p. 62, B3

Cet aquarium accueille hippocampes, requins, piranhas et poissons-clowns, et permet de découvrir différents écosystèmes, de la jungle tropicale au récif corallien en passant par les égouts, tout en mettant l'accent sur la fragilité de l'environnement marin. Faites coïncider votre visite avec les séances de nourrissage qui ont lieu tous les jours à 11h, 13h30 et 14h30. (08-660

90 89 ; www.aquaria.se ; Falkenbergsgatan 2 ; adulte/- 18 ans 120/80 Skr ; 10h-18h juin-août, 10h-16h30 mar-dim le reste de l'année ; ; 44, 69, Djurgårdsfärjan, 7)

Strömma Kanalbolaget BATEAU

7 Plan p. 62, A3

Cette compagnie omniprésente propose des circuits organisés, tels celui sur le canal royal autour de Djurgården (200 Skr, 50 minutes) ou celui axé sur ABBA (315 Skr, avec lieux de tournage du film et musée). Il existe aussi des visites en bus (à partir de 300 Skr, avec montée et descente à la demande), en bateau (180 Skr) ou associant les deux modes de transport (400 Skr). (08-12 00 40 00 ; www.stromma.se ; Svensksundsvägen 17 ; 220-400 Skr)

Junibacken PARC D'ATTRACTIONS

8 Plan p. 62, B2

Paradis pour les petits et les grands, ce parc à thème recrée des scènes tirées des livres pour enfants d'Astrid Lindgren. Ici, on survole Stockholm à bord du Train enchanté, on rapetisse jusqu'à atteindre la taille d'un morceau de sucre, et l'on achève le voyage à la Villa Villekulla où les enfants peuvent s'en donner à cœur joie et se déguiser en Fifi Brindacier (Pippi Långstrump en suédois, comme l'a voulu sa créatrice Astrid Lindgren). Sur place également : café et excellente librairie pour enfants. (www.junibacken.se ; Djurgården ; adulte/- 18 ans 159/139 Skr ; 10h-18h juil-août, 10h-17h le reste de l'année ; ; 44, 69, Djurgårdsfärjan, 7)

100% Stockholm

Sur l'île de Djurgården

Les joggeurs font un excellent usage des sentiers qui sillonnent Djurgården et l'île entière est un havre pour les amateurs de pique-nique. Apportez aussi une serviette et un maillot de bain pour profiter d'un après-midi ensoleillé.

Sjöcaféet VÉLO, CANOË-KAYAK

9 Plan p. 62, B1

Vous pouvez louer des vélos, mais aussi des canoës et des kayaks dans cette cabane en bois, située près du café-restaurant à côté de Djurgårdsbron. Brochures et information touristique sur place. (08-660 57 57 ; www.sjocafeet.se ; Djurgårdsvägen 2 ; vélos 80/275 Skr par heure/jour, canoës 150/400 Skr, kayaks 125/400 Skr ; 9h-21h avr-sept ; 7)

Prins Eugens Waldemarsudde MUSÉE

10 Plan p. 62, E4

Surnommé le “prince peintre”, le prince Eugène (1865-1947) vécut dans cette villa qui expose aujourd'hui sa collection d'art scandinave avec des œuvres d'Anders Zorn et de Carl Larsson, et des paysages peints par le maître des lieux. Au rez-de-chaussée se visitent les appartements du prince, conservés en l'état. Excellentes expositions temporaires. Les jardins (p. 61), magnifiques, méritent une balade. (08-54 58 37 07 ; www.waldemarsudde.com ; Prins Eugens väg 6 ;

adulte/- 18 ans 150 Skr/gratuit ; 11h-17h mar-dim, 11h-20h jeu, jardins 8h-21h ; 7)

ArkDes

MUSÉE

11 Plan p. 62, A3

Attenant au Moderna Museet (p. 58) et aménagé dans une ancienne salle d'entraînement militaire, ArkDes retrace mille ans d'histoire de l'architecture et du design suédois avec photos, plans, dessins et maquettes. Les expositions temporaires font la part belle aux grands noms de l'architecture internationale. Des visites guidées dans Stockholm sont organisées ; consultez le site Web ou renseignez-vous à l'accueil. (08-58 72 70 00 ; www.arkdes.se ; Exercisplan 4 ; expositions temporaires adute/- 18 ans 120 Skr/gratuit ; 10h-20h mar et ven, 10h-18h mer-jeu, 11h-18h sam-dim ; 65, Djurgårdsfärjan)

Tobaks & Tändsticksmuseum

MUSÉE

12 Plan p. 62, C3

Situé dans le parc de Skansen (p. 52), ce musée est consacré à l'histoire et à la culture du tabac, ainsi qu'à la fabrication des allumettes suédoises. (Musée du Tabac et des Allumettes ; 08-442 80 26 ; www.tobaksochtandsticksmuseum.se ; entrée gratuite ; 11h-17h, fermé lun oct-avr ; 7)

Gröna Lund Tivoli

PARC D'ATTRACTIONS

13 Plan p. 62, C3

Ce parc très fréquenté compte une trentaine d'attractions, de la plus inoffensive (un carrousel allemand) à la plus terrifiante (la Chute libre, où l'on tombe d'une hauteur de 80 m en six secondes. La carte Åkband, valable une journée, donne un accès illimité aux attractions. À l'unité, les tarifs varient entre 25 Skr et 75 Skr le tour. Nombreux stands vendant boissons et en-cas sur place. (www.gronalund.com ; Lilla Allmänna Gränd 9 ; 115 Skr, carte accès illimité Åkband 330 Skr ; 10h-23h juin-août, horaires restreints le reste de l'année ; ; 44, Djurgårdsfärjan, 7)

Se restaurer

Rosendals Trädgårdskafe

CAFÉ **$$**

14 Plan p. 62, E2

Niché au milieu des serres d'un ravissant jardin botanique, ce café propose de divins desserts, soupes, salades et sandwichs pour le déjeuner, tous bio et concoctés pour la plupart avec les produits du jardin. (08-54 58 12 70 ; www.rosendalstradgard.se ; Rosendalsterrassen 12 ; plats 99-145 Skr ; 11h-17h lun-ven, 11h-18h sam-dim mai-sept, fermé lun fév-avr et oct-déc ; P ; 44, 69, 76 Djurgårdsbron, 7)

Blå Porten Café

CAFÉ **$$**

15 Plan p. 62, C3

Ce charmant café doté d'un jardin intérieur jouxte le **Liljevalchs Konsthall** (08-50 83 13 30 ; www.liljevalchs.se ; Djurgårdsvägen 60 ; 44, 69, Djurgårdsfärjan, 7). Lors de notre dernière visite, il était plus ou moins

Gröna Lund Tivoli

démoli pour permettre la réfection de la galerie d'art. Sa réouverture est prévue pour l'été 2018. (08-663 87 59 ; www.blaporten.com ; Djurgårdsvägen 64 ; ; 47 Liljevalc Gröna Lund, 7 Liljevalc Gröna Lund)

Wärdshuset Ulla Winbladh SUÉDOIS **$$$**

16 Plan p. 62, C2

Cette villa, qui porte le nom de l'une des maîtresses du poète Carl Michael Bellman, a été édifiée pour accueillir une boulangerie lors de l'Exposition universelle de Stockholm en 1897, et sert aujourd'hui une cuisine raffinée. Prenez place dans l'une de ses salles intimes ou dans son charmant jardin pour déguster de délicieuses spécialités scandinaves revisitées, pour la plupart à base de poisson et de pommes de terre. Régalez-vous de l'assiette de hareng accompagnée de pain scandinave maison. (08-53 48 97 01 ; www.ullawinbladh.se ; Rosendalsvägen 8 ; plats 175-425 Skr ; 11h30-22h lun, 11h30-23h mar-ven, 12h30-23h sam, 12h30-22h dim ; Djurgårdsfärjan, 7)

Explorer

Södermalm

Bohème et branchée, l'île méridionale de Stockholm regorge de friperies intéressantes pour les férus de mode vintage, de galeries d'art et de cafés underground. Les collines situées à son extrémité nord offrent une vue époustouflante sur Gamla Stan et le reste du centre-ville. N'oubliez pas de visiter des musées d'importance avant de profiter de sa vie nocturne, réputée pour sa diversité.

L'essentiel en un jour

Réputé pour ses soirées animées, Södermalm cache aussi le formidable musée de la photographie, **Fotografiska** (p. 70).

Après avoir visité Fotografiska, prenez un verre ou déjeunez au **Chutney** (p. 76), petit café très douillet qui sert des mets végétariens d'un excellent rapport qualité/prix. Pour découvrir le quartier, promenez-vous sur la très animée Götgatan puis rebroussez chemin en empruntant l'une des rues parallèles.

Revenez vers Slussen au crépuscule : c'est le moment idéal pour escalader les falaises de Söder et flâner sur le Monteliusvägen, minuscule sentier surplombant un panorama fantastique sur la ville. Il est temps ensuite de vous octroyer une pause bien méritée. Les amateurs de bière pousseront la porte d'**Akkurat** (p. 79), qui en sert une gamme impressionnante.

Pour une soirée 100% Stockholm à Södermalm, rendez-vous p. 72.

Les incontournables

Fotografiska (p. 70)

100% Stockholm

Tournée des bars à Södermalm (p. 72)

Le meilleur du quartier

Se restaurer

Hermans Trädgårdscafé (p. 76)

Woodstockholm (p. 76)

Mahalo (p. 78)

Chutney (p. 76)

Pelikan (p. 77)

Faire la fête

Akkurat (p. 79)

Kvarnen (p. 78)

Debaser Strand (p. 79)

Mode

Judits (p. 81)

Lisa Larsson Second Hand (p. 80)

Smiley Vintage (p. 81)

Design

DesignTorgot (p. 81)

Comment y aller

M Métro (tunnelbana)
Slussen, Medborgarplatsen, Zinkensdamm

Les incontournables
Fotografiska

Cet élégant musée organise et présente avec brio des expositions temporaires incontournables pour les amateurs de photographie. Il a déjà accueilli une rétrospective de Robert Mapplethorpe et des portraits du cinéaste indépendant Gus Van Sant. Le musée, qui bénéficie par ailleurs d'un emplacement de choix à Stockholm, attire d'importantes foules de visiteurs chaque année. Il organise aussi des stages de photographie et programme de temps à autre des concerts ou d'autres événements.

Plan p. 74, G2

www.fotografiska.eu

Stadsgårdshamnen 22

adulte/enfant 135 Skr/gratuit

9h-23h dim-mer, 9h-1h jeu-sam

Slussen

Expositions temporaires

Outre sa collection permanente, le musée organise quatre grandes expositions temporaires par an (généralement la rétrospective d'un grand nom de la photographie), ainsi que quinze ou vingt expositions temporaires plus modestes. Il a notamment accueilli les grands formats de Sebastião Salgado, la rétrospective Irving Penn, les œuvres du Jeune photographe nordique de l'année, Akseli Valmunen, mais aussi des artistes reconnus comme Annie Leibovitz, David LaChapelle, Klara Källström et Johan Wik.

Films et vidéos

Certaines des expositions temporaires incluent des courts métrages et des vidéos, projetés en boucle dans des petites salles. Essayez de ne pas les manquer : ils concernent souvent les œuvres les plus provocantes et les plus fascinantes.

Une friche industrielle rénovée

Ouvert en 2010, Fotografiska occupe un immense édifice en brique, de quelque 5 500 m², dessiné par l'architecte Ferdinand Boberg et construit en 1906. Cet ancien bâtiment des douanes a subi des travaux de restauration onéreux, qui ont permis d'en transformer l'intérieur et de le convertir en musée d'art.

Boutique du musée

Prévoyez de passer un peu de temps à la boutique du musée, particulièrement bien fournie. On y trouve une collection de petits appareils photo originaux, ainsi que des centaines de tirages à vendre, sans oublier, bien sûr, des livres de photographie, des cartes postales et des affiches.

À savoir

▶ Le quartier de Slussen va faire l'objet de travaux durant les prochaines années. Suivez bien les panneaux indiquant le musée à la sortie de la station du *tunnelbana* (métro).

▶ En été, la terrasse installée devant l'entrée du musée devient un bar animé qui sert des cocktails et quelques plats du jour pour le dîner, avec des DJ aux platines.

Une petite faim ?

Au dernier étage du musée, un bar sert du café, des gâteaux, ainsi que de délicieux sandwichs et salades toute l'année. La vue depuis ses fenêtres panoramiques est époustouflante.

Si vous êtes prêt à quitter le musée, grimpez l'escalier situé derrière le bâtiment jusqu'au Hermans Trädgårdscafé (p. 76) pour un buffet végétarien avec vue.

100% Stockholm
Tournée des bars à Södermalm

L'ambiance artistique et bohème qui règne à Södermalm est la promesse d'une soirée conviviale et festive. C'est dans cet îlot de la partie sud de la ville que vous dénicherez les endroits les plus agréables et les plus décontractés, ainsi que des adresses à prix doux. Vous trouverez forcément votre bonheur, des bars sans prétention aux établissements au design impeccable.

❶ Medborgarplatsen
Aux abords de la vaste place Medborgarplatsen, tous les bars disposent d'une terrasse. Choisissez celui dont l'ambiance correspond à votre humeur.

❷ Mariatorget
Remontez légèrement vers le nord-ouest, en direction de la jolie place Mariatorget, où vous pourrez siroter un verre sur la terrasse ou sur le balcon

de l'hôtel **Rival** (08-54 57 89 24 ; www.rival.se ; Mariatorget 3 ; 17h-24h jeu-sam ; Mariatorget), dont le propriétaire est Benny Andersson, l'ancien membre du groupe ABBA.

3 Nada

Rejoignez le cœur de l'action, à SoFo, contraction de *Söder am Folkungagatan*, littéralement "au sud de Folkungagatan". **Nada** (plan p. 74, F4 ; 08-644 70 20 ; Åsögatan 140 ; 17h-1h lun-sam ; Medborgarplatsen) est un établissement cosy qui attire les jeunes fêtards (la clientèle a essentiellement entre 20 et 30 ans). Les DJ mixent une musique éclectique, inspirée des morceaux rétro des années 1980 et de la pop alternative, pendant que les barmen élaborent de savants cocktails derrière le bar.

4 Snotty's

À quelques rues du Nada, **Snotty's** (Skånegatan 90 ; 16h-1h ; Medborgarplatsen) est un des établissements les plus sympathiques et décontractés de Stockholm. Il y règne une atmosphère légèrement rétro, que soulignent son bar en bois et ses pochettes de disques aux murs.

5 Bara Enkelt

Dans la même rue que le Snotty's, le **Bara Enkelt** (08-669 58 55 ; www.baras.se ; Skånegatan 59 ; 17h-1h lun-ven, 15h-1h sam-dim ; Medborgarplatsen), anciennement Bara VI, est un bar très prisé des trentenaires branchés qui apprécient la longue carte des boissons,

les murs tapissés de motifs floraux et les confortables banquettes en velours. Consultez le site Web pour connaître les dates des concerts de rock indé.

6 Pause kebab

Faites comme les Stockholmois et reprenez des forces en achetant un kebab à l'un des nombreux stands qui jalonnent Medborgarplatsen et ses environs. Si vous préférez manger assis, rendez-vous au sympathique **Folkets Kebab** (08-669 91 66 ; Hornsgatan 92 ; buffet 119 Skr, kebabs à partir de 50 Skr ; 10h-2h ; Zinkensdamm).

7 Bars du coin

Finissez votre tournée en visitant quelques-uns des rares établissements de la ville à proposer de la bière à un prix abordable. Ils sont situés à l'angle de Tjärhovsgatan et Östgötagatan, et, si leur cadre n'est pas des plus raffinés, les prix sont doux et l'ambiance est animée.

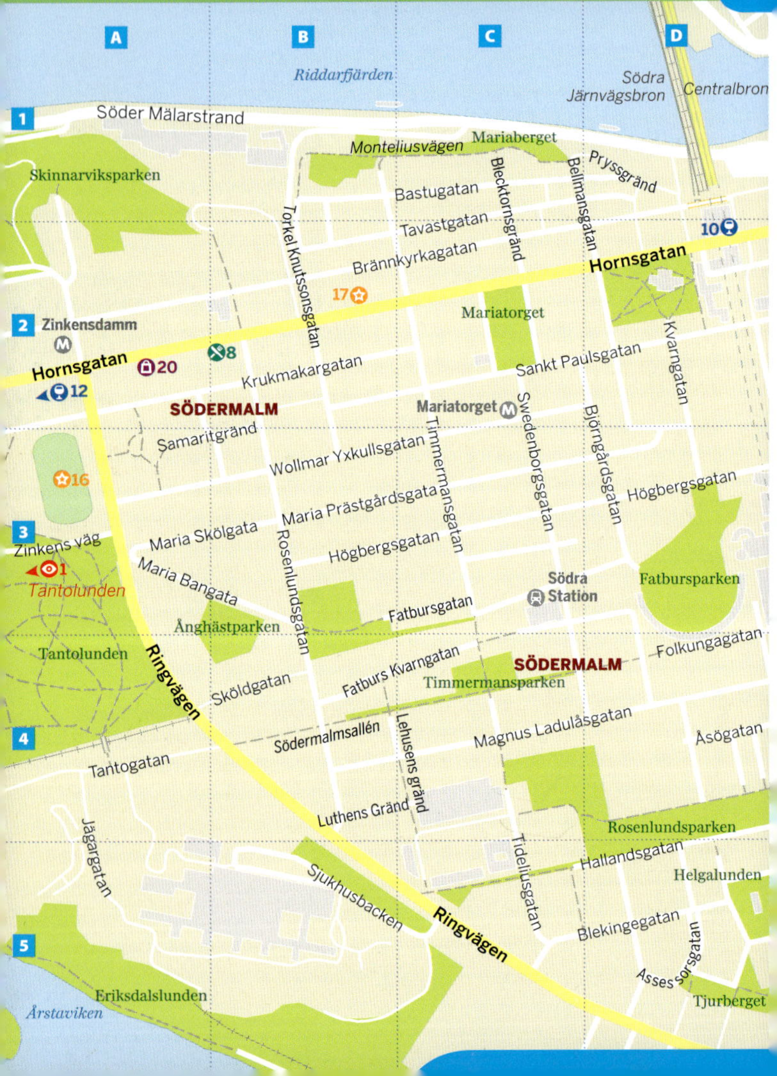
A
B
C
D
1
2
3
4
5
Riddarfjärden
Södra Järnvägsbron
Centralbron
Söder Mälarstrand
Monteliusvägen
Mariaberget
Skinnarviksparken
Bastugatan
Tavastgatan
Brännkyrkagatan
Blecktornsgränd
Bellmansgatan
Pryssgränd
Torkel Knutssonsgatan
10
Hornsgatan
17
Mariatorget
Zinkensdamm
Hornsgatan
20
8
Krukmakargatan
Sankt Paulsgatan
Kvarngatan
12
SÖDERMALM
Mariatorget
Swedenborgsgatan
Samaritgränd
Wollmar Yxkullsgatan
Timmermansgatan
Björngårdsgatan
16
Högbergsgatan
Maria Prästgårdsgata
Maria Skölgata
Rosenlundsgatan
Högbergsgatan
Zinkens väg
1
Tantolunden
Maria Bangata
Södra Station
Fatbursparken
Fatbursgatan
Ånghästparken
Tantolunden
Ringvägen
Folkungagatan
Fatburs Kvarngatan
SÖDERMALM
Timmermansparken
Sköldgatan
Södermalmsallén
Lehusens gränd
Magnus Ladulåsgatan
Åsögatan
Tantogatan
Luthens Gränd
Rosenlundsparken
Jägargatan
Hallandsgatan
Tideliusgatan
Helgalunden
Sjukhusbacken
Ringvägen
Blekingegatan
Assessorsgatan
Tjurberget
Eriksdalslunden
Årstaviken

E
F
G
H
1
2
3
4
5
0
200 m
Nos adresses
Les incontournables p. 70
Voir p. 76
Se restaurer p. 76
Prendre un verre p. 78
Sortir p. 80
Shopping p. 81
Strömmen
Sjöbergsplan
Slussen
Södermalmstorg
Katarinavägen
Stadsgårdshamnen
Fotografiska
Urvädersgränd
Klevgränd
Mosebacketorg
Stadsgårdsleden
Fjällgatan
Högbergsgatan
Mäster Mikaels Gata
Stigbergsgatan
Medborgarplatsen
Kapellgränd
Björns Trädgård
Tjärhovsplan
Tjärhovsgatan
Folkungagatan
Stigbergsparken
Lilla Erstagatan
Erstagatan
Renstiernas Gata
Nytorgsgatan
Borgmästargatan
SOFO
Beckbrännarbacken
Åsögatan
Sågargatan
Axel Landquist Park
Kocksgatan
Östgötagatan
Klippgatan
Bondegatan
Skånegatan
Nytorget
Söderledstunneln
Götgatan
Katarina Bangata
Greta Garbos Torg
Vita Bergen
Tjurbergsgatan
Blekingegatan
Södermannagatan
Malmgårdsvägen
Gotlandsgatan
Allhelgonagatan
Skanstull
Bjurholmsplan
Ringvägen
Ölandsgatan
Lilla Blecktornsparken
Ljusterögatan

Voir

Tantolunden

PARC

1 Plan p. 74, A3

Situé au sud-ouest de Södermalm, à côté du quartier branché de Hornstull, Tantolunden est l'un des espaces verts les plus originaux de Stockholm. Constitué de jardins ouvriers, d'aires de gymnastique, de terrains jeux, il forme un refuge de choix pour les promeneurs. Il est très fréquenté par les baigneurs et les pique-niqueurs en été, mais reste un lieu de détente pour les citadins qui aiment flâner dans ses allées et au bord de l'eau toute l'année. (Zinkens Väg ; Zinkensdamm, Hornstull)

Se restaurer

Woodstockholm

SUÉDOIS $$$

2 Plan p. 74, E2

Ce lieu branché est à la fois un bar à vins et un magasin de meubles vendant les chaises et les tables de designers locaux. Le menu à thème change toutes les semaines. L'"Aphrodisiac" propose ainsi des pétoncles aux pleurotes et du ris de veau aux betteraves jaunes et au raifort. L'établissement est en train de devenir l'adresse préférée des gourmets. Réservation obligatoire. (08-36 93 99 ; www.woodstockholm.com ; Mosebacketorg 9 ; plats 265-285 Skr ; 11h30-14h lun, 11h30-14h et 17h-23h mar-sam ; ; Slussen)

Hermans Trädgårdscafé

VÉGÉTARIEN $$

3 Plan p. 74, G2

Ce buffet végétarien au succès amplement mérité est une des adresses les plus agréables de Stockholm pour dîner, avec sa véranda et sa terrasse qui surplombe les lumières de la ville. Appréciez ses créations végétariennes et végétaliennes, servies dans une charmante cave voûtée. Il vous faudra sans doute jouer des coudes pour obtenir une table, mais le jeu en vaut la chandelle. (08-643 94 80 ; www.hermans.se ; Fjällgatan 23B ; buffet 195 Skr, desserts à partir de 35 Skr ; 11h-21h ; ; 2, 3, 53, 71, 76 Tjärhovsplan, Slussen)

Chutney

VÉGÉTARIEN $$

4 Plan p. 74, F4

Chutney fait partie des nombreux restaurants végétariens réputés de Stockholm. Entouré de plusieurs cafés très engageants, il se démarque par une cuisine d'un bon rapport qualité/prix et une ambiance toujours très agréable. À midi, le menu se compose le plus souvent de plats de légumes relevés et de riz, trahissant l'influence de l'Asie ou de l'Inde. Portion supplémentaire, salade, pain et café sont compris. (08-640 30 10 ; www.chutney.se ; Katarina

Bon plan

Wi-Fi gratuit

À Stockholm, il y a un accès Wi-Fi gratuit dans presque tous les cafés, bus, gares, hôtels, auberges de jeunesse, magasins 7-Eleven, ferries ainsi que dans certains trains.

ALLANW/SHUTTERSTOCK ©

Tantolunden, un ensemble de jardins ouvriers et de lieux de promenade

Bangata 19 ; plat du jour semaine/week-end 105/135 Skr ; 11h-22h lun-ven, 12h-22h sam, 12h-21h dim ; ; Medborgarplatsen)

Pelikan

SUÉDOIS $$$

5 Plan p. 74, F5

Hauts plafonds, lambris et serveurs en veston pour cette brasserie séculaire proposant une classique *husmanskost* (cuisine maison) : renne rôti, gâteau au fromage Västerbotten et omble chevalier. Les plats à base de hareng sont une valeur sûre (goûtez l'entrée "SOS", un assortiment de harengs marinés ; 135-195 Skr), et les végétariens seront également comblés. Large choix d'aquavits. (08-55 60 90 90 ; www.pelikan.se ; Blekingegatan 40 ; plats 188-335 Skr ; 17h-minuit ou 1h ; Skanstull)

String

CAFÉ $

6 Plan p. 74, G4

Ce café rétro et branché de SoFo dresse un buffet brunch à un prix imbattable le week-end (9h 13h samedi-dimanche). Remplissez votre assiette de céréales, yaourts, fruits frais et pancakes. Les plats du jour sont également d'un bon rapport qualité/prix. (08-714 85 14 ; www.facebook.com/cafestring ; Nytorgsgatan 38 ; sandwichs 65-95 Skr, buffet petit-déj 90 Skr ; 9h-22h lun-jeu, 9h-19h ven-dim ; Medborgarplatsen)

Nystekt Strömming

SUÉDOIS $

7 Plan p. 74, E1

Le nom (qui signifie "hareng juste frit") annonce la couleur. Cette petite

ROLF_52/GETTY IMAGES ©

Le Södra Teatern et le Mosebacke Etablissement (p. 80)

caravane installée à la sortie de la station de *tunnelbana* Slussen sert de généreux assortiments de poissons avec un choix d'accompagnements et de condiments (purée de pommes de terre, oignons rouges, salades, pain), ainsi que des wraps à emporter ou un délicieux hamburger au hareng à 55 Skr. (Södermalmstorg ; plats 40-75 Skr ; 11h-21h ; Slussen)

Mahalo

VÉGÉTALIEN **$$**

8 Plan p. 74, B2

L'odeur des plats et les couleurs vives sont telles que vous vous sentirez tout de suite mieux au Mahalo (ex-Hälsocafet). Ce café privilégie les plats roboratifs à base de "super aliments" bio, comme le bol du Bouddha (tofu épicé, légumes verts, nouilles cellophanes, avocat) ou les falafels avec du houmous maison. Le café est inclus dans le prix. Il y a aussi des desserts végétaliens, des *wraps*, des petits-déjeuners, des smoothies et des *latte* au curcuma ou au matcha. (Hälsocafet ; 08-42 05 65 44 ; www.halsocafet.se ; Hornsgatan 61 ; plats 85-139 Skr ; 9h-19h lun et mar, 9h-20h mer-ven, 10h-20h sam, 10h-19h dim ; ; Mariatorget, Zinkensdamm)

Prendre un verre

Kvarnen

BAR

9 Plan p. 74, E3

Une foule joyeuse de supporters du club de football Hammarby se presse au Kvarnen, l'un des meilleurs bars de Söder. La tradition est à l'honneur dans la grande brasserie datant de 1907, qui côtoie deux élégants bars-clubs. Arrivez de bonne heure pour boire une pinte et manger un morceau (plats à partir de 210 Skr). Longue file d'attente, mais vous ne serez pas déçu. (☎08-643 03 80 ; www.kvarnen.com ; Tjärhovsgatan 4 ; ⏲11h-1h lun-mar, 11h-3h mer-ven, 12h-3h sam, 12h-1h dim ; Medborgarplatsen)

Akkurat

BAR

10 Plan p. 74, D2

Grand choix de bières belges, sélection intéressante de bières suédoises et de cidres bruts, et mur tapissé de bouteilles de whisky. C'est l'un des deux bars suédois à avoir obtenu une certification *Cask Marque* pour son ale véritable. Concerts plusieurs soirs par semaine. (☎08-644 00 15 ; www.akkurat.se ; Hornsgatan 18 ; ⏲15h-minuit lun, 15h-1h mar-sam, 18h-1h dim ; Slussen)

Himlen

BAR À COCKTAILS

11 Plan p. 74, E4

Il faut prendre l'ascenseur pour se rendre dans ce bar élégant situé à une hauteur vertigineuse, au 26e niveau de l'édifice le plus haut de Södermalm. Admirez la vue et laissez-vous tenter par un fabuleux cocktail accompagné de six huîtres (175 Skr). Il y aussi un restaurant (fermé en juillet-août) plus chic au 25e niveau. (☎08-660 60 68 ; www.restauranghimlen.se ; Götgatan 78, Skrapan ; ⏲16h-minuit lun, 16h-1h mar-jeu, 16h-3h ven-sam ; 📶 ; Medborgarplatsen)

Comprendre

Une société sans argent liquide

Stockholm devient une ville où les espèces ne circulent plus. Un grand nombre d'établissements, y compris des musées et des grands hôtels, n'acceptent plus les paiements en liquide, considérant les cartes bancaires ou de crédit comme plus sûres. Les paiements par SMS sont aussi très courants.

Debaser Strand

BAR

12 Plan p. 74, A2

Abritant à la fois un restaurant mexicain, un bar, une boîte de nuit et une salle de concerts, le Debaser attire du monde dans le quartier branché de Hornstull. Le Brooklyn Bar est un lieu confortable, idéal pour écouter des concerts ou des sets de DJ. (☎08-658 63 50 ; www.debaser.se ; Hornstulls Strand 4 ; ⏲restaurant 17h-23h mar-jeu, 17h-1h ven-sam, 11h-16h dim, bar ven-sam 16h-3h ; Hornstull)

Nada

BAR

13 Plan p. 74, F4

Avec son éclairage tamisé, ses lustres et son luxueux bar noir à l'arrière, cet établissement douillet plaît aux jeunes noctambules de Söder (voir aussi p. 73). (☎08-644 70 20 ; Åsögatan 140 ; ⏲17h-1h lun-sam ; Medborgarplatsen)

100% Stockholm

Pour les amateurs de mode vintage

Adresse prisée de Södermalm (il y en a un certain nombre !), **Lisa Larsson Second Hand** (plan p. 74, G4 ; ☎08-643 61 53 ; Bondegatan 48 ; ⏰13h-18h mar-ven, 11h-15h sam) est une minuscule boutique remplie de trésors datant des années 1930 aux années 1970. Sur les portants et les étagères : vestes en cuir, sacs à main, chaussures et robes vintage.

Sortir

Södra Teatern THÉÂTRE, CONCERTS

14 ★ Plan p. 74, E2

Accessible depuis la place Mosebacke et le Mosebacke Etablissement voisin, via les rues tortueuses du vieux Södermalm, le théâtre Södra est à l'origine un espace polyvalent comportant un grand choix de bars et un restaurant, des salles de spectacle et de concerts. C'est un endroit fantastique pour dîner et danser ou côtoyer les habitants, que vous soyez dans la brasserie en plein air ou dans la salle au décor sophistiqué. Consultez son site Internet pour connaître la programmation. (☎08-53 19 94 90 ; www.sodrateatern.com ; Mosebacketorg 1 ; ⏰8h-16h lun et mar, 8h-23h mer et jeu, 8h-2h ven, 11h30-2h sam, 12h-4h dim ; Ⓜ Slussen)

Mosebacke Etablissement CONCERTS, SPECTACLES

15 ★ Plan p. 74, E2

Ce temple de la fête organise des concerts très variés, ainsi que des spectacles de théâtre et de cabaret. En été, la terrasse (représentée dans la scène d'ouverture du roman d'August Strindberg *La Chambre rouge*) offre une vue magnifique sur la ville et accueille un bar très animé. L'établissement jouxte le Södra Teatern et des bars. (www.mosebacke.se ; Mosebacketorg 3 ; ⏰18h-tard ; Ⓜ Slussen)

Zinkensdamms Idrottsplats SPORT

16 ★ Plan p. 74, A3

Assister à un match de *bandy* peut être très amusant. Moins brutal que le hockey sur glace, dont il est l'ancêtre, il se joue aussi avec plus de joueurs (11 par équipe). Le *bandy* est devenu très populaire depuis les succès de l'équipe Hammarby à la fin des années 1990. La saison court de novembre à mars. Les places sont en vente à l'entrée. (www.svenskbandy.se/stockholm ; Ringvägen 16 ; billets autour de 130 Skr ; Ⓜ Zinkensdamm)

Folkoperan THÉÂTRE, OPÉRA

17 ★ Plan p. 74, B2

Le Folkoperan dépoussière l'opéra grâce à ses représentations avant-gardistes et parfois controversées d'œuvres classiques et contemporaines. Les moins de 26 ans paient moitié prix. Le bar-restaurant attenant attire une foule d'habitués. (☎08-616 07 50 ; www.folkoperan.se ; Hornsgatan 72 ; billets 145-455 Skr ; Zinkensdamm)

Shopping

DesignTorget — DESIGN

18 Plan p. 74, E3

Si vous aimez le design de qualité sans vouloir trop dépenser, rendez-vous dans cette chaîne de magasins qui propose les créations de designers prometteurs ou déjà confirmés. Il y a plusieurs autres adresses, notamment à côté du principal office du tourisme sur la Sergels Torg. (www.designtorget.se ; Götgatan 31 ; 10h-19h lun-ven, 10h-18h sam, 11h-17h30 dim ; Slussen)

Smiley Vintage — VINTAGE

19 Plan p. 74, F3

Cette enseigne confectionne de nouvelles tenues, toutes différentes, à partir de vêtements anciens. (Södermannagatan 14 ; 11h-16h30 lun-ven, 11h30-17h sam, 12h-16h dim ; Medborgarplatsen)

PETER FORSBERG/SHOPPING/ALAMY STOCK PHOTO ©

La devanture du DesignTorget

Judits — VINTAGE

20 Plan p. 74, A2

Bien tenu et très prisé, ce magasin de vêtements d'occasion vend de grandes marques en les mettant joliment en valeur, un peu à la façon d'un musée. C'est un lieu où il est amusant de chiner, même quand on n'a pas les moyens d'acquérir une veste griffée Acne, pourtant de seconde main ! (☎08-84 45 10 ; www.judits.se ; Hornsgatan 75 ; 11h-18h30 lun-ven, jusqu'à 16h30 sam sept-mai, 11h-18h lun-ven, jusqu'à 16h sam juin-août ; Zinkensdamm)

Östermalm

Östermalm est le royaume incontesté des nuits stockholmoises, l'endroit où la jeunesse dorée et huppée se rassemble pour faire la fête. Et c'est aussi ici que vous trouverez quelques-uns des meilleurs bars, restaurants et boutiques de la ville. Mais la culture est également présente dans le quartier, avec deux excellents musées consacrés à l'histoire de la Suède.

L'essentiel en un jour

Commencez la journée par la passionnante visite de l'**Historiska Museet** (p. 84). Il vous fera revivre les grands moments de l'histoire de la Suède. Prévoyez au moins deux heures pour explorer au mieux ce musée foisonnant et étendu.

Pour la pause déjeuner, rendez-vous dans les halles de l'**Östermalms Saluhall** (p. 90), marché gastronomique installé dans un superbe édifice historique. Les gourmands seront à la torture (ou au paradis) en flânant entre les étals de poissons frais, de fromages (importés) et de pâtisseries exotiques. Les halles comptent aussi plusieurs excellents cafés, parfaits pour s'attabler.

L'après-midi, l'**Armémuseum** (p. 90) vous attend pour une édifiante leçon d'histoire de la guerre. Enchaînez sur une note plus légère avec un peu de lèche-vitrines et un café chez Sturekatten (p. 92). Le soir, **Sturehof** (p. 91) vous servira de succulents produits de la mer, puis allez tester des boissons à la mode au **Lilla Baren at Riche** (p. 92).

Pour une journée 100% Stockholm dans Östermalm, rendez-vous p. 86.

Les incontournables

Historiska Museet (p. 84)

100% Stockholm

Opulent Östermalm (p. 86)

Le meilleur du quartier

Musées et galeries

Historiska Museet (p. 84)

Se restaurer

Ekstedt (p. 90)

Sturekatten (p. 92)

Pour les noctambules

Sturecompagniet (p. 92)

Spy Bar (p. 93)

Design

Svenskt Tenn (p. 93)

Nordiska Galleriet (p. 93)

Architecture

Dramaten (p. 93)

Östermalms Saluhall (p. 90)

Comment y aller

Métro (tunnelbana) Östermalmstorg, Kungsträdgården. Gärdet pour gagner Ladugårdsgärdet

Tram ligne 7, Nybroplan

Bus n°69

Les incontournables
Historiska Museet

Ce passionnant musée accueille la collection historique nationale. Patins à glace de l'âge du fer, drakkar viking, tissus médiévaux et triptyques de la Renaissance retracent ici plus de dix mille ans d'histoire et de culture en Suède. Vous y verrez des expositions sur la Scandinavie préhistorique, une excellente présentation multimédia sur les Vikings, une section consacrée à la bataille de Gotland (1361), des retables médiévaux et une riche collection de textiles.

Plan p. 88, H4

08-51 95 56 20

www.historiska.se

Narvavägen 13-17 ; gratuit

10h-17h juin-août, 11h-17h mar-dim, 11h-20h mer sept-mai

44, 56, Djurgårdsbron, Karlaplan, Östermalmstorg

Bijoux vikings

Salle des Ors

La pièce maîtresse du musée se trouve au sous-sol : dans la pénombre de la salle des Ors resplendissent des bijoux vikings et d'autres trésors, tel le reliquaire incrusté de pierres précieuses de sainte Élisabeth (canonisée en 1235). Les pièces les plus impressionnantes sont sans doute les trois colliers d'or du Ve siècle, découverts dans le Västergötland au XIXe siècle : le plus imposant, qui pèse 823 grammes, compte 7 rangs et 458 figurines.

Tapisseries

Le musée est aussi réputé pour ses riches collections de textiles médiévaux, dont des étoffes liturgiques provenant probablement des toutes premières églises des villages du nord de la Suède.

Les Vikings

L'impressionnante section dédiée au plus connu des peuples nordiques entend dissiper les idées reçues sur les Vikings et leur époque en mettant l'accent sur leur activité de marchands et sur le quotidien des gens ordinaires - si une minorité était de brillants navigateurs et des conquérants, la plupart étaient de modestes paysans. Le visiteur en apprendra aussi beaucoup sur les pierres runiques que l'on découvre encore dans tout le pays.

La bataille de Visby sur l'île de Gotland

Une excellente exposition redonne vie à cette bataille qui, en 1361, opposa les fermiers de l'île suédoise à l'armée du roi du Danemark, Valdemar IV. Nul ne s'étonnera qu'elle n'ait pas tourné à l'avantage des premiers : environ 1 800 de ces soldats improvisés finirent dans des fosses communes dans les faubourgs de Visby, qui se rendit finalement aux Danois. L'archéologie a fourni des éclairages intéressants sur cet épisode tragique.

☑ À savoir

- Le musée est organisé par périodes : l'étage est dédié au Moyen Âge et à l'époque baroque, le rez-de-chaussée à la préhistoire ; la salle des Ors, avec ses trésors allant de la préhistoire à l'époque médiévale, se situe au sous-sol.
- Les légendes et les panneaux de présentation, qui éclairent l'histoire et la fabrication de chaque objet exposé, sont indiqués en suédois et en anglais.

Une petite faim ?

Vous trouverez un café près de l'entrée du musée. En été, sa cour est agréable. Pour trouver quelque chose à l'extérieur du musée, remontez Linnégatan jusqu'au restaurant thaïlandais Sabai-Soong (p. 92).

100% Stockholm
Opulent Östermalm

L'ancien village d'éleveurs de bovins a bien changé ! Östermalm est aujourd'hui l'un des quartiers les plus huppés de Stockholm. Son architecture élégante, ses parcs verdoyants et ses boutiques chics en font un régal pour le promeneur. Certes, tout le monde n'a pas les moyens de vivre ici, mais la beauté d'Östermalm reste accessible à tous.

❶ Kungliga Biblioteket

La bibliothèque nationale de Suède est installée dans le cadre magnifique de l'**Humlegården**, une oasis de végétation. Ses collections sont fabuleuses : le bâtiment renferme en effet quasiment tout ce qui s'est publié en Suède ou en suédois depuis 1661 (ainsi que quelques trésors plus anciens encore, dont la *Bible du diable*, du XIIIe siècle). La bibliothèque est ouverte au public.

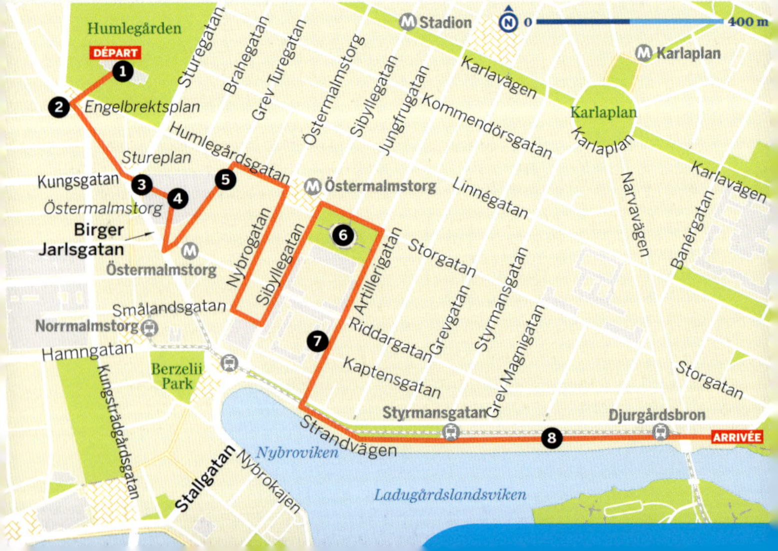

❷ Vassa Eggen

Adoptez l'heure et les habitudes stockholmoises : faites-vous plaisir avec la formule déjeuner aussi délicieuse qu'avantageuse (145 Skr en semaine) du **Vassa Eggen** (☎08-21 61 69 ; www.vassaeggen.com ; Birger Jarlsgatan 29 ; plats 225-450 Skr ; 🕑11h30-14h lun-ven, 17h30-22h lun, jusqu'à minuit mar-jeu, jusqu'à 2h ven-sam ; 🚇Östermalmstorg), une véritable institution du quartier pour les amateurs de grillades, à déguster dans une déco design soignée.

❸ Svampen

Érigé en 1937, détruit puis rebâti dans les années 1980, ce "champignon" (photo p. 82), conçu à l'origine pour abriter les passants des intempéries, est devenu un monument du quartier et un lieu de rendez-vous très commode.

❹ Sturegallerian

Dans cette galerie marchande huppée, où les décors intérieurs répondent avec élégance au style XIXe siècle de la façade, vous attendent des dizaines de boutiques chics et le luxueux spa **Sturebadet** (☎08-54 50 15 00 ; www.sturebadet.se ; Sturegallerian 36, Stureplan ; forfait à la journée à partir de 595 Skr ; 🕑6h30-22h lun-ven, 8h30-20h30 sam-dim ; 🚇Östermalmstorg).

❺ Grev Turegatan

Cette rue piétonne, jalonnée de magasins et de restaurants, forme avec Nybrogatan, sa parallèle à l'est, le cœur d'Östermalm. Boutiques originales et tables élégantes y occupent de beaux édifices aux façades décorées.

❻ Hedvig Eleonora Kyrka

Jean de la Vallée conçut dans les années 1660 le plan original de cette jolie **église octogonale** (☎08-54 56 75 70 ; www.hedvigeleonora.se ; Storgatan 2 ; 🕑11h-18h ; 🚇Östermalmstorg). Consacrée en 1737, elle était à l'origine réservée à la marine suédoise. Sa chaire, impressionnante, est l'œuvre de Jean Eric Rehn, et l'orgue conserve sa façade d'origine, réalisée en 1762 par Carl Fredrik Aldencrantz. Les panneaux d'affichage donnent les dates des concerts à venir.

❼ Kungliga Hovstallet

Les Écuries royales occupent presque tout un pâté de maisons, dans une gigantesque bâtisse de brique rouge datant de 1894. Elles accueillent un musée mais restent bien en activité : tous les déplacements de la famille royale de Suède sont organisés ici, et les écuries abritent 18 des chevaux du roi ainsi que des carrosses anciens et la collection royale d'automobiles.

❽ Strandvägen

Cette prestigieuse avenue, bordée d'un quai, offre un beau panorama sur le rivage. Bordé de fières demeures, elle mesure environ 80 m de large pour près d'un kilomètre de long, entre la place Nybroplan et Djurgården. Son terre-plein central est planté d'arbres qui protègent idéalement des curieux.

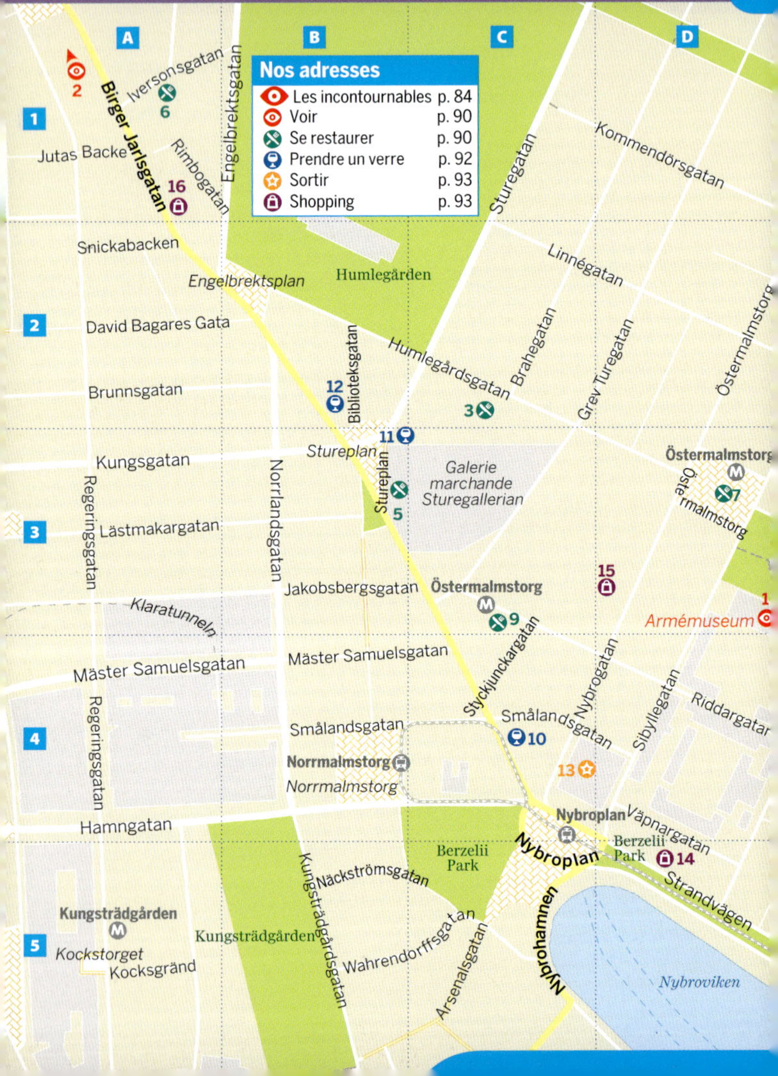
Nos adresses
Les incontournables p. 84
Voir p. 90
Se restaurer p. 90
Prendre un verre p. 92
Sortir p. 93
Shopping p. 93
A
B
C
D
1
2
3
4
5
Birger Jarlsgatan
Iversonsgatan
Engelbrektsgatan
Jutas Backe
Rimbogatan
Snickabacken
Engelbrektsplan
Humlegården
David Bagares Gata
Brunnsgatan
Kungsgatan
Stureplan
Biblioteksgatan
Humlegårdsgatan
Sturegatan
Kommendörsgatan
Linnégatan
Brahegatan
Grev Turegatan
Östermalmstorg
Galerie marchande Sturegallerian
Regeringsgatan
Lästmakargatan
Norrlandsgatan
Jakobsbergsgatan
Klaratunneln
Mäster Samuelsgatan
Stockjunckargatan
Nybrogatan
Sibyllegatan
Riddargatan
Armémuseum
Smålandsgatan
Norrmalmstorg
Hamngatan
Nybroplan
Väpnargatan
Berzelii Park
Strandvägen
Nackströmsgatan
Kungsträdgårdsgatan
Kungsträdgården
Kockstorget
Kocksgränd
Wahrendorffsgatan
Arsenalsgatan
Nybrohamnen
Nybroviken

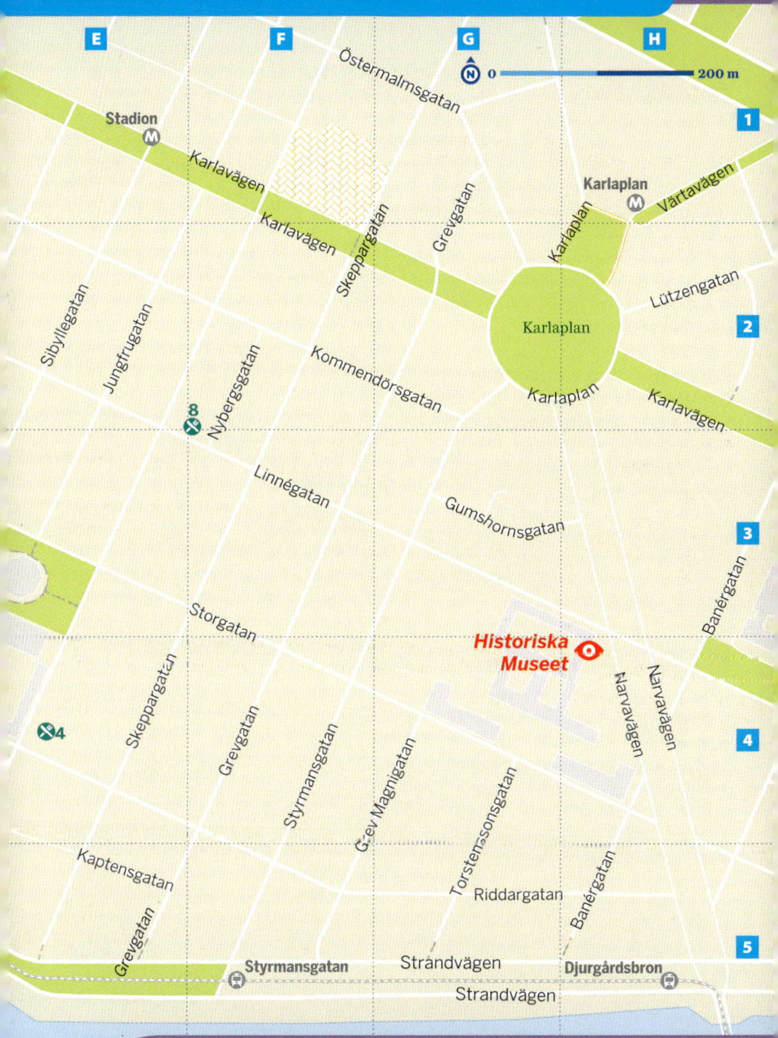
E
F
G
H
0
200 m
1
2
3
4
5
Östermalmsgatan
Stadion
Karlavägen
Karlavägen
Karlaplan
Värtavägen
Grevgatan
Skeppargatan
Karlaplan
Lützengatan
Karlaplan
Sibyllegatan
Jungfrugatan
Nybergsgatan
Kommendörsgatan
Karlaplan
Karlavägen
8
Linnégatan
Gumshornsgatan
Banérgatan
Storgatan
Historiska Museet
Narvavägen
Narvavägen
4
Skeppargatan
Grevgatan
Styrmansgatan
Grev Magnigatan
Torstenssonsgatan
Kaptensgatan
Riddargatan
Banérgatan
Grevgatan
Styrmansgatan
Strandvägen
Djurgårdsbron
Strandvägen

Voir

Armémuseum

MUSÉE

1 Plan p. 88, D3

Le musée de l'Armée dévoile la face sombre de la nature humaine : sur trois niveaux, ses collections illustrent l'histoire militaire et les guerres à travers des œuvres d'art, des armes et des reconstitutions grandeur nature de cavaliers à la charge, de casernes désolées et de populations affamées. Vous pourrez aussi vous faire une frayeur à bon compte en grimpant sur des instruments de torture médiévaux. (08-51 95 63 00 ; www.armemuseum.se ; Riddargatan 13 ; gratuit ; 10h-19h tlj juin-août, 11h-20h mar, jusqu'à 17h mer-dim sept-mai ; Östermalmstorg)

Naturhistoriska Riksmuseet

MUSÉUM D'HISTOIRE NATURELLE

2 Plan p. 88, A1

Fantastique lieu de visite pour les enfants, le Muséum d'histoire naturelle a beaucoup changé depuis sa fondation par Carl von Linné en 1739. Aujourd'hui, tout y est interactif : on peut se glisser dans une oreille humaine, observer de près un incendie de forêt ou avoir l'impression d'être dans un lieu envahi par une nuée de moustiques. Il y a aussi d'innombrables fossiles, roches, animaux sauvages empaillés, des espèces marines à la faune sauvage des régions polaires. (08-51 95 40 00 ; www.nrm.se ; Frescativägen 40 ; gratuit ; 10h-18h mar-dim, parfois ouvert lun ; P ; Universitetet)

Bon plan

Repas bon marché

Si vous souhaitez déjeuner vite sans vous ruiner, les cafés et les stands de l'**Östermalms Saluhall** (plan p. 88, E3, www.saluhallen.com ; Östermalmstorg ; gratuit ; 9h30-19h lun-ven, 9h30-17h sam ; Östermalmstorg) servent des repas rapides, un cran au-dessus de la moyenne et souvent bon marché.

Se restaurer

Ekstedt

SUÉDOIS $$$

3 Plan p. 88, C2

Après une formation classique, auprès des grands de la cuisine française ou italienne, Niklas Ekstedt, né en 1978 et distingué par une étoile au guide Michelin, a abordé l'art culinaire suédois du côté de la tradition – on dit même qu'il cherche l'inspiration dans des recettes des XVIIe et XVIIIe siècles. Son originalité ? Des produits du terroir, des recettes ancestrales et des modes de cuisson qui bannissent l'électricité ! Ici, tout est fumé ou cuit à la flamme dans un poêle à bois, un four à bois ou une cheminée. Choisissez un menu de quatre ou six plats à base de renne et de sandre. (08-611 12 10 ; ekstedt.nu/en ; Humlegårdsgatan 17 ; 4/6 plats 890/1 090 Skr ; à partir de 8h mar-jeu, de 17h ven, de 16h sam ; Östermalmstorg)

Gastrologik

SUÉDOIS $$$

4 Plan p. 88, E4

Gastrologik est à l'avant-garde de la cuisine scandinave moderne et dynamique. Les menus de trois ou six plats changent souvent, car les chefs travaillent en lien étroit avec les commerçants pour obtenir les produits les plus frais, dans le souci du développement durable et de la tradition. Mieux vaut réserver. (08-662 30 60 ; www.gastrologik.se ; Artillerigatan 14 ; menu dégustation 1 595 Skr ; 18h-23h30 mar-ven, 17h-23h30 sam ; Östermalmstorg)

Sturehof

PRODUITS DE MER $$$

5 Plan p. 88, B3

Une adresse d'exception pour un verre et/ou un dîner tardif : cette brasserie conviviale combine personnel aux petits soins, clientèle sélect et cuisine succulente tournée vers la mer (la soupe de poissons est délicieuse). Les deux bars, l'un à l'avant, l'autre à l'arrière, sont parfaits pour un dernier verre romantique. (08-440 57 30 ; www.sturehof.com ; Stureplan 2 ; plats 185-495 Skr ; 11h-2h ; Östermalmstorg)

Café Saturnus

CAFÉ $

6 Plan p. 88, A1

Envie d'un *latte* crémeux, d'une baguette à la française ou de la parfaite petite pâtisserie ? Rendez-vous dans ce café-boulangerie à l'élégance décontractée, paré de carrelages anciens, de papiers peints et d'une

IGOR GROCHEV/SHUTTERSTOCK ©

Armémuseum (musée de l'Armée)

petite terrasse : on s'y installe pour goûter ce qui est sans doute la plus grosse *bulle* (brioche) de Stockholm, à la cannelle ou à la cardamome. (08-611 77 00 ; www.cafesaturnus.se ; Eriksbergsgatan 6 ; bulle 50 Skr, salades et sandwichs 68-138 Skr ; 8h-20h lun-ven, 9h-19h sam-dim ; 2 Eriksbergsgatan)

Lisa Elmqvist

FRUITS DE MER $$

7 Plan p. 88, D3

Amateur de poissons et fruits de mer, ne cherchez plus : cette adresse de légende séduit le midi nombre de gourmets. La carte changeant tous les jours, fiez-vous aux recommandations des serveurs. On peut opter pour les classiques, tels le sandwich aux crevettes ou l'assiette de gravlax. Il y a aussi un excellent choix de vins. (☎08-55 34 04 10 ; www.lisaelmqvist.se ; Östermalmstorg, Östermalms Saluhall ; plats à partir de 215 Skr ; ⏲11h-23h lun-sam ; Ⓜ Östermalmstorg)

Sabai-Soong

THAÏLANDAIS **$$**

8 Plan p. 88, F2

Situé au cœur d'un quartier huppé, ce restaurant est pourtant resté fidèle à l'esprit, aux recettes et à la déco fluo, très kitsch tropical, qui ont fait son succès. Les plats thaïlandais simples et authentiques, tels ces *tod man pla* ou ce curry vert épicé, sont aussi appréciés par les familles que par les fashionistas. (☎08-663 12 77 ; www.sabai.se ; Linnégatan 39B ; ⏲11h-14h lun-ven, 17h-22h tlj ; Ⓜ Östermalmstorg)

Comprendre

Une eau de qualité

Vous verrez peut-être dans votre hôtel des écriteaux vous incitant à boire l'eau du robinet de Stockholm, l'une des plus pures au monde. Les Stockholmois sont approvisionnés en eau courante par le lac Mälaren, situé en pleine ville et si cristallin qu'on s'y baigne tout l'été et qu'on y pêche toute l'année. Il n'existe aucune raison valable d'acheter de l'eau en bouteille – aussi, ne soyez pas gourde, emportez la vôtre et remplissez-la au robinet !

Sturekatten

CAFÉ **$**

9 Plan p. 88, C3

Fauteuils anciens, peintures à l'huile, dames élégantes amatrices de darjeeling et serveurs en uniforme noir et blanc : un vrai décor de maison de poupée, pour siroter une tasse de thé et déguster une part de tarte aux pommes ou une *kanelbulle* (brioche à la cannelle). (☎08-611 16 12 ; www.sturekatten.se ; Riddargatan 4 ; pâtisserie à partir de 35 Skr ; ⏲8h-19h lun-ven, 9h-18h sam, 10h-18h dim ; Ⓜ Östermalmstorg)

Prendre un verre

Lilla Baren at Riche

BAR

10 Plan p. 88, C4

Chouchou de la faune chic et branchée d'Östermalm, ce joli bar ouvert sur de grandes baies vitrées combine service feutré et efficace, DJ talentueux et clientèle de créatifs tendance. Mieux vaut s'y rendre vers 21h pour espérer s'asseoir. (☎08-54 50 35 60 ; www.riche.se ; Birger Jarlsgatan 4 ; ⏲11h30-2h mar-sam ; Ⓜ Östermalm)

Sturecompagniet

CLUB

11 Plan p. 88, B3

Les stars des séries suédoises donnent le ton (champagne à gogo et look bling-bling) dans cet immense club, décoré avec opulence. Adaptez votre tenue en conséquence pour faire le show sur de la house commerciale. Des DJ célèbres y jouent régulièrement. (☎08-54 50 76 00 ;

100% Stockholm

Vie nocturne

Les rues autour d'Östermalmstorg abritent les meilleures clubs de la ville et des terrasses de café plus calmes, idéales pour observer les passants.

www.sturecompagniet.se ; Stureplan 4 ; 22h-3h jeu-sam ; Östermalmstorg)

Spy Bar

CLUB

12 Plan p. 88, B2

S'il n'est plus aussi coté désormais, le Spy Bar (le *spy* pour les habitués, autrement dit le "vomi") reste pourtant un pilier de la nuit et vaut le détour si vous passez la soirée dans Östermalm. Il s'étend sur trois niveaux, dans de beaux appartements du début du XXe siècle. (Birger Jarlsgatan 20 ; entrée dès 160 Skr ; 22h-5h mer-sam ; Östermalmstorg)

Sortir

Dramaten

THÉÂTRE

13 Plan p. 88, C4

Le Théâtre royal met en scène son répertoire dans une sublime architecture Art nouveau. Des billets à moitié prix sont parfois en vente une heure avant le spectacle, pour les plus audacieux. (Kungliga Dramatiska Teatern ; 08-667 06 80 ; www.dramaten.se ; Nybroplan ; visites guidées en anglais à 16h à réserver par e-mail adulte/enfant 30/60 Skr ; spectacles 150-450 Skr ; Kungsträdgården)

Shopping

Svenskt Tenn

DESIGN, DÉCORATION

14 Plan p. 88, D5

Cette enseigne célébrissime tient autant du musée du design que de la boutique en activité. Vous y découvrirez les tissus et le mobilier culte pensés par Josef Frank et ses contemporains. Une adresse de choix pour comprendre en un clin d'œil ce fameux "design suédois". (08-670 16 00 ; www.svenskttenn.se ; Nybrogatan 15 ; 10h-18h lun-ven, 10h-16h sam ; Kungsträdgården)

Nordiska Galleriet

ARTISANAT

15 Plan p. 88, D3

Fauteuils Hannes Wettstein, canapés Hella Jongerius, vases Alvar Aalto ou minichaises Panton pour enfant : rien ne manque dans ce showroom, paradis des fanas de design. On y trouve aussi des souvenirs plus transportables, de beaux livres d'architecture et de chatoyantes serviettes en papier Marimekko. (08-442 83 60 ; www.nordiskagalleriet.se ; Nybrogatan 11 ; 10h-18h lun-ven, 10h-17h sam ; Östermalmstorg)

Rönnells Antikvariat

LIBRAIRIE

16 Plan p. 88, A1

Cette librairie d'occasion renommée ravira les chineurs avec des exemplaires originaux des romans pour enfants d'Astrid Lindgren ou des guides de voyage du XIXe siècle. (08-54 50 15 60 ; www.ronnells.se ; Birger Jarlsgatan 32 ; 10h-18h lun-ven, 12h-16h sam ; Östermalmstorg)

Les incontournables
Millesgården

Comment y aller

Millesgården se trouve sur l'île de Lidingö, à 7 km au nord-est du centre-ville.

Ⓜ Ropsten, puis bus n°207

De 1906 à 1931, Millesgården fut le lieu de vie et de travail du sculpteur Carl Milles (1875-1955), dont les gracieuses ondines et autres créatures fantastiques jalonnent les rues de Stockholm. La personnalité attachante de Milles, palpable dans ses œuvres, transparaît aussi dans sa demeure-atelier : un site plein d'inspiration, dont la visite enchantera particulièrement les amateurs d'art et de design.

Sculptures de Carl Milles

Art contemporain

Au sein du domaine, une galerie moderne et épurée est dédiée à des expositions temporaires d'art contemporain. Carl et Olga Milles ont eux-mêmes posé les carreaux de sol noir et blanc de la délicate mosaïque.

Jardin de sculptures

Milles transforma le terrain accidenté de sa propriété en un merveilleux jardin de sculptures où ses propres créations dialoguent avec des œuvres de la Grèce et de la Rome antiques, du Moyen Âge et de la Renaissance. Dans ces jardins majoritairement inspirés par la Méditerranée, remarquez la "Petite Autriche", un espace paysaget offert par Carl à son épouse Olga pour atténuer son mal du pays.

Le petit atelier

Dans le jardin de sculptures, le Lilla Ateljén, conçu par Evert Milles, le frère de Carl, est orné d'une fresque représentant la baie de Naples. On s'y rend en suivant des sentiers pavés de marbre noir et blanc, bordés de pins et de bouleaux et de colonnes ioniques. Cet atelier fut créé pour permettre au sculpteur, atteint de silicose, de travailler dans un air moins saturé de poussière.

La maison des Milles

En 1921, le couple d'artistes visita Pompéi, qui leur inspira la décoration de leur demeure. C'est flagrant dans ce qui allait devenir la Chambre rouge, avec ses mosaïques et ses fresques. Olga peignit les armoires de cuisine de motifs reprenant ceux des carreaux de Delft aux murs. Dans le salon de Musique, on découvre un piano à queue, mais aussi plusieurs trésors dont une sculpture de Donatello et un tableau de Canaletto.

08-446 75 90

www.millesgarden.se

Herserudsvägen 32

adulte/- 18 ans 150 kr/gratuit

11h-17h, fermé lun oct-avr

Ropsten, puis bus n°201, 202, 204, 207

À savoir

- De mi-juin à août, une visite guidée de présentation du site, en anglais et comprise dans le billet, est proposée à 13h15 le mardi et le jeudi.
- N'oubliez d'apporter un bon appareil photo car le cadre est vraiment photogénique.

Une petite faim ?

Sur la terrasse intermédiaire du jardin de sculptures, le café-restaurant **Millesgården Lanthandel** (plats 155-220 Skr) sert le déjeuner et le dîner, mais aussi cafés et pâtisseries, à apprécier au grand air ou, l'hiver, dans la salle au coin du feu.

100% Stockholm
Musées de Gärdet et Ladugårdsgärdet

Comment y aller

Gärdet et Ladugårdsgärdet se situent à l'est d'Östermalm.

M (tunnelbana) Gärdet, puis bus n°1 ou n°76 jusqu'à Frihamnen pour rejoindre Magasin 3

🚌 De Kaknästornet, prenez le bus n°69

Ces deux zones voisines (un quartier résidentiel tranquille pour la première, un ancien domaine royal transformé en un vaste parc ouvert en permanence pour la seconde) recèlent d'intéressants musées et sont l'occasion d'agréables promenades au cœur de la vie suédoise. Elles sont bien plus faciles d'accès qu'il n'y paraît : il suffit d'un court trajet en bus ou en *tunnelbana* (métro), ou bien encore une balade à pied depuis Östermalm, pour s'y rendre.

❶ Station Gärdet du tunnelbana

Depuis la station de métro Gärdet, longez la Sandhamnsgatan vers le sud. Vous traverserez un paisible quartier résidentiel jusqu'au vaste espace vert du Ladugårdsgärdet. C'est un lieu fantastique pour pique-niquer, paresser au soleil ou faire du jogging.

❷ Sjöhistoriska Museet

Dans la partie sud du Ladugårdsgärdet, vous trouverez trois musées formidables pour les enfants. Le plus petit, et le plus charmant des trois, est le **Sjöhistoriska Museet** (☎08-519 549 00 ; Djurgårdsbrunnsvägen 24 ; gratuit ; ⏲10h-17h mar-dim ; 🚌69 Museiparken), le Musée maritime national qui, à vrai dire, enchante tous les passionnés de maquettes de navires (plus de 1 500 modèles !), et pas seulement les enfants ! Ses collections captivantes illustrent aussi le quotidien à bord, l'histoire des marins et celle de la construction navale en Suède.

❸ Tekniska Museet

Tekniska (musée des Sciences et des Techniques ; ☎08-450 56 00 ; www.tekniskamuseet.se ; Museivägen 7 ; adulte/enfant 150/100 Skr, gratuit 17h-20h mer ; ⏲10h-17h jeu-mar, jusqu'à 20h mer ; 👪 ; 🚌69 Museiparken) est un vaste musée interactif dédié aux technologies (voir aussi p. 64).

❹ Etnografiska Museet

Son voisin fascinant et plein de charme, l'**Etnografiska Museet** (musée d'Ethnographie ; ☎010-456 12 99 ; www.etnografiska.se ; Djurgårdsbrunnsvägen 34 ; gratuit ; ⏲11h-17h mar-dim, 11h-20h mer ; 🚌69 Museiparken) propose une muséographie évocatrice autour des cultures non européennes et des concerts. Entre autres expositions temporaires récentes, on retient les trésors culturels de l'Afghanistan, un aperçu des normes régissant les relations entre les deux sexes, et le "monde réel" du vaudou. Il y a aussi un bon café sur place.

❺ Kaknästornet

Une agréable promenade conduit à ce monument qui domine tout le quartier. Haute de 155 m, la **tour Kaknästornet** (www.kaknastornet.se ; Mörka Kroken 28-30 ; adulte/- 18 ans 70/25 kr ; ⏲10h-18h dim-jeu, 10h-21h ven-sam ; 🚌69 Kaknästornet) est le centre automatisé des retransmissions radiophoniques et télévisuelles en Suède. Inaugurée en 1967, elle reste l'une des plus hautes constructions du pays. Au rez-de-chaussée il y a un petit bureau d'informations et un ascenseur conduisant à la terrasse panoramique, ainsi qu'à un restaurant et un café. La vue sur Stockholm et son archipel est éblouissante !

Explorer

Kungsholmen

Longtemps boudée par les visiteurs, l'île de Kungsholmen a enfin accédé à la renommée qu'elle mérite. Se visitant de préférence à pied, ce quartier résidentiel recèle d'excellents restaurants, des parcs agréables à fréquenter en famille et une promenade plantée au bord de l'eau. C'est ici que se trouve l'un des édifices les plus importants de Stockholm, par son architecture et sa fonction : le Stadshuset (hôtel de ville).

L'essentiel en un jour

Commencez la journée par une belle balade au bord de l'eau jusqu'au **Stadshuset** (p. 100 ; photo à gauche), dont la visite complète est chaudement recommandée – ne manquez pas le beffroi et son musée.

À la mi-journée, prenez le temps de musarder autour de Scheelegatan et de Hantverkargatan (voir p. 104) pour dénicher le restaurant qui vous inspire le plus : le choix ne manque pas, en particulier en matière de cuisines du monde. **Bergamott** (p. 103) est une valeur sûre. Au passage, vous ne résisterez pas à l'envie de faire un peu de shopping.

Pour une promenade digestive, suivez Norr Mälarstrand, au bord de l'eau, aussi loin qu'il vous plaira. En revenant sur vos pas et vers la ville, vous pourrez faire halte pour un apéritif tranquille et un agréable dîner dans le cadre ultra-convivial du **Mälarpaviljongen** (p. 103), adorable restaurant flottant.

Le **Lemon Bar** (p. 104), bar du quartier à l'ambiance décontractée, est parfait pour un dernier verre.

Les incontournables

Stadshuset (p. 100)

Le meilleur du quartier

Aller à la plage

Smedsuddsbadet (p. 107)

Parcs

Rålambshovsparken (p. 103, p. 107)

Pour les noctambules

Lemon Bar (p. 104)

Shopping

Västermalmsgallerian (p. 107)

Mode

59 Vintage Store (p. 104)

Comment y aller

M Métro (tunnelbana) Rådhuset, Fridhemsplan

À pied Des abords de la Centralstationen, l'île est rapidement accessible par le pont du Stadshusbron

Les incontournables
Stadshuset

Dominant la ligne d'horizon, l'hôtel de ville dresse sa silhouette austère et imposante, visible de loin avec son beffroi carré, surmonté d'une flèche en or et du symbole de la puissance suédoise : les trois couronnes royales. L'édifice fut achevé en 1923 sur des plans de l'architecte Ragnar Östberg, grand représentant du style romantique suédois. Ce monument emblématique renferme les bureaux de plus de 200 fonctionnaires municipaux, mais aussi des salles de réception et des cours.

Plan p. 102, E4

www.stockholm.se/stadshuset ; Hantverkargatan 1

adulte/enfant 100/50 Skr, tour 50 Skr/gratuit

9h-15h30, visites guidées uniquement

3, 62 Stadshuset, Rådhuset

La magnifique Salle dorée, aux murs couverts de mosaïques

Le beffroi

Ce beffroi haut de 106 m domine l'édifice de sa flèche d'or, qui brandit les trois couronnes, symbole héraldique de la Suède royale. On n'y pénètre que lors des visites guidées : celles en français ont lieu trois fois par jour de 10h30 à 13h30, uniquement l'été. C'est l'occasion d'admirer un panorama magnifique – et de se muscler un peu les cuisses !

La Salle dorée

La décoration intérieure du Stadshuset est bien plus chatoyante que son aspect extérieur. Au centre de l'hôtel de ville se niche l'étincelante Gyllene Salen (Salle dorée), dont les admirables mosaïques, composées de 19 millions de feuilles d'or, sont l'œuvre d'Einar Forseth (1892-1988). C'est dans ce cadre opulent que se tient le banquet qui suit la remise des prix Nobel.

La fresque du prince

Le prince Eugène (voir aussi p. 65), artiste reconnu et généreux mécène, fit don de la fresque qu'il réalisa lui-même représentant la vue sur le lac depuis la salle d'apparat aujourd'hui appelée “galerie du Prince” : dans un saisissant effet de miroirs, la *Cité sur l'eau* fait ainsi face au vrai panorama peint par le souverain.

Stadshusparken

Ne boudez pas le parc qui flanque le Stadshuset : beau en toutes saisons, il offre aussi de jolis points de vue sur l'eau et, au-delà, sur Riddarholmen (l'îlot des Chevaliers, proche de Gamla Stan). Deux statues de Carl Eldh en gardent les marches, tandis que la statue en bronze, réalisée par Christian Eriksson, du régent Engelbrekt Engelbrektsson qui mena une révolte contre le Danemark en 1435-1436 trône sur une colonne dans un angle du parc. Si la météo s'y prête, faites comme les Stockholmois : piquez une tête dans le lac et dorez-vous au soleil.

☑ À savoir

▶ Le beffroi et son musée ne sont ouverts aux visiteurs que de mai à septembre.

▶ Si votre forme physique ne vous permet pas de partir à l'assaut des escaliers du beffroi, un ascenseur permet d'en parcourir la moitié sans effort.

Une petite faim ?

Suivez l'exemple des lauréats du prix Nobel et dînez au **Stadshuskällaren** (www.stadshuskallarensthlm.se), un restaurant situé au sous-sol du Stadshuset. Les plats principaux (285-310 Skr) comportent généralement de la viande et des légumes. Les groupes peuvent commander le menu du Nobel (1 865 Skr) de l'année souhaitée servi sur les plats en porcelaine du Nobel. Réservation recommandée.

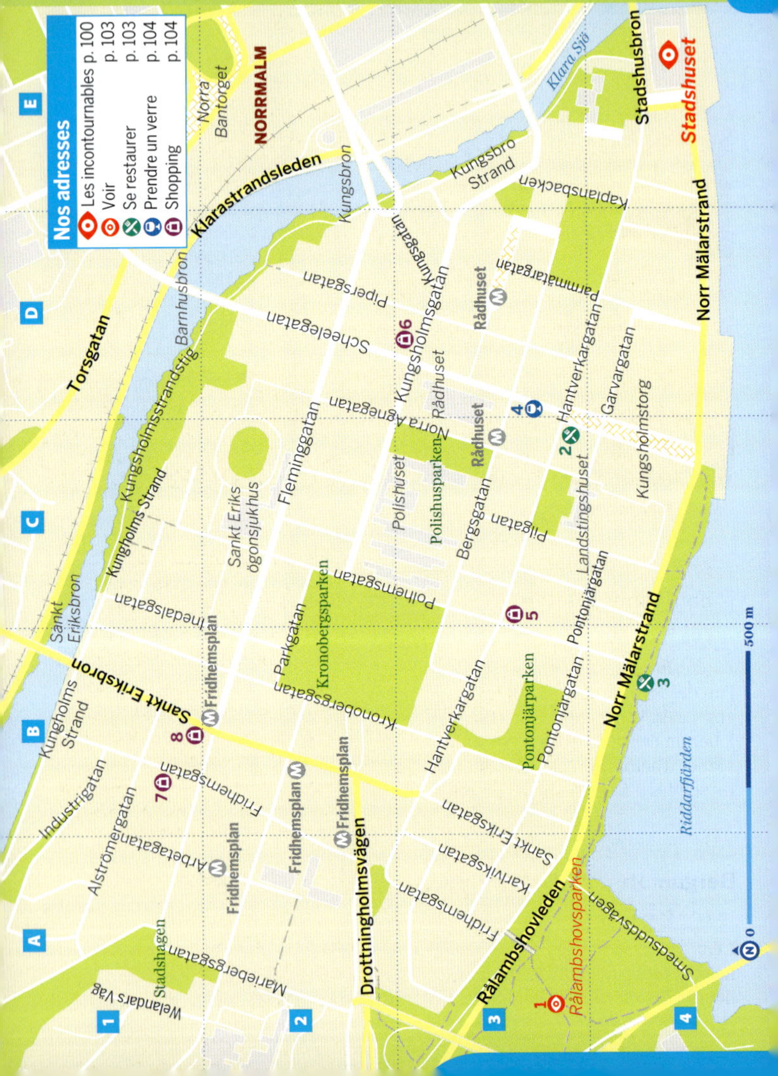
Nos adresses
Les incontournables p. 100
Voir p. 103
Se restaurer p. 103
Prendre un verre p. 104
Shopping p. 104
NORRMALM
Norra Bantorget
Klarastrandsleden
Torsgatan
Barnhusbron
Kungsholmsstrandstig
Kungsholms Strand
Sankt Eriksbron
Sankt Eriks ögonsjukhus
Fleminggatan
Kungsbron
Kungsbro Strand
Klara Sjö
Stadshusbron
Stadshuset
Norr Mälarstrand
Kaplansbacken
Parmmätargatan
Rådhuset
Kungsgatan
Kungsholmsgatan
Pipersgatan
Scheelegatan
Norra Agnegatan
Polishuset
Polishusparken
Hantverkargatan
Garvargatan
Kungsholmstorg
Landstingshuset
Pilgatan
Bergsgatan
Polhemsgatan
Kronobergsparken
Parkgatan
Kronobergsgatan
Inedalsgatan
Fridhemsplan
Industrigatan
Alströmergatan
Arbetargatan
Fridhemsgatan
Drottningholmsvägen
Pontonjärparken
Pontonjärgatan
Sankt Eriksgatan
Karlviksgatan
Rålambshovsleden
Rålambshovsparken
Smedsuddsvägen
Riddarfjärden
Stadshagen
Mariebergsgatan
Wennerbergsgatan
Welandars Väg
500 m

Vue de Kungsholmen

Voir

Rålambshovsparken PARC

1 Plan p. 102, A3

En été, le Rålambshovsparken est l'un des terrains de jeux les plus appréciés. Vous pouvez vous baigner, louer un canoë ou participer à une séance d'aérobic en plein air pendant les soirées d'été. (; Fridhemsplan)

Se restaurer

Bergamott FUSION $$$

2 Plan p. 102, C3

L'équipe de cuisiniers français ne se contente pas de mitonner de délicieuses recettes franco-italiennes : les chefs vous apporteront peut-être eux-mêmes votre plat, vous parleront des bons produits utilisés et vous guideront dans la carte des vins. Le menu change chaque jour. L'endroit fait régulièrement le plein d'habitués enjoués, en particulier les soirs de jam-sessions : bref, c'est une adresse charmante. Mieux vaut réserver. (08-650 30 34 ; www.restaurangbergamott.se ; Hantverkargatan 35 ; plats 195-325 Skr ; 17h30-minuit mar-sam ; Rådhuset)

Mälarpaviljongen AMÉRICANO-SUÉDOIS $$

3 Plan p. 102, B4

Lorsque le soleil est de la partie, rares sont les adresses aussi agréables que

100% Stockholm

Rues gourmandes

Les restaurants sympas foisonnent à Kungsholmen, mais vous trouverez tout un chapelet de bonnes adresses de cuisine exotique près du croisement entre **Scheelegatan** et **Hantverkargatan** (plan p. 102, D3). Comme souvent à Stockholm, l'observation des passants est ici une activité à part entière.

ce bar-restaurant sur l'eau pour goûter à la dolce vita suédoise. Son pavillon vitré, sa vaste terrasse flottante et ses jardins aromatiques n'ont d'égal que son personnel aussi charmant qu'accueillant. À la carte, cuisine et cocktails revisitent en beauté les classiques : boulettes de viande, hareng frit, gravlax, etc. Ouverture selon la météo. (08-650 87 01 ; www.malarpaviljongen.se ; Norr Mälarstrand 63 ; plats 185-225 Skr ; 11h-1h ; Rådhuset)

Prendre un verre

Lemon Bar

BAR

4 Plan p. 102, D3

Voici la parfaite incarnation du petit bar de quartier décontracté, où l'on passe par hasard, pour finalement s'attarder au milieu des habitués d'humeur festive, sur fond de bonne musique – en l'occurrence de la pop suédoise, sur laquelle on se met parfois à danser. (08-650 17 78 ; www.lemonbar.se ; Scheelegatan 8 ; 17h-1h mar, 17h-3h mer-sam ; M Rådhuset)

Shopping

59 Vintage Store

MODE

5 Plan p. 102, C3

On pourrait passer des heures à enchaîner les essayages dans ce petit paradis rétro, qui déborde de très belles pièces des années 1950 à 1970, pour homme et femme : robes de gala glamour, chaussures à plateforme, petits blousons très Britpop, chapkas en fausse fourrure, et même, avec un peu de chance, un sombrero à paillettes. (08-652 37 27 ; www.59vintagestore.se ; Hantverkargatan 59 ; 11h-18h lun-ven, 11h-16h sam ; M Rådhuset)

Frank Form

MODE ET DESIGN

6 Plan p. 102, D3

Dénichez ici des articles de maison, de mode et de bijouterie, notamment de créateurs britanniques, espagnols ou tchèques, que vous ne trouverez pas ailleurs à Stockholm : un beau sweat-shirt pour homme de la marque basque Loreak Mendian, un sac à main de l'Irlandaise Orla Kiely ou des pièces uniques du Suédois Jezebel, créées spécialement pour la boutique. (08-54 55 05 00 ; www.frankform.se ; Kungsholmsgatan 20 ; 11h-18h30 lun-ven, jusqu'à 17h sam ; Rådhuset)

Comprendre

Les Vikings

C'est sans doute à l'époque des Vikings (VIIIe-XIe siècle), quand ces vaillants "hommes du Nord" sillonnaient les mers, que la Scandinavie a le plus marqué l'histoire mondiale. Quoique davantage tournés vers le commerce que les Norvégiens ou les Danois, les Vikings de Suède n'avaient pas usurpé leur réputation de farouches guerriers. Le paganisme régnait alors sur la région : les chefs vikings se disaient les descendants du dieu Freyr, et les cérémonies au temple d'Uppsala donnaient lieu à des sacrifices animaux et humains.

Des navigateurs allant toujours plus loin

Les Vikings tiraient avantage d'un navire à la fois rapide et maniable tout en restant suffisamment robuste pour affronter de longues traversées. Après une période d'incursions éclair le long des côtes européennes à des fins de pillage, ils lancèrent des expéditions militaires plus organisées, conquirent des territoires et se mirent à commercer. Les Vikings progressèrent à l'intérieur du territoire slave, lui donnant le nom de "Rus", et s'aventurèrent jusqu'à Terre-Neuve, Constantinople et Bagdad.

La christianisation

La religion chrétienne ne progressa qu'après le baptême d'Olof Skötkonung (vers 968-1020), premier roi chrétien de Suède. Dès 1160, son successeur Erik IX (saint patron de la Suède) aura presque totalement éradiqué le paganisme.

Le nom

Le mot "viking" vient du norrois *vik*, "baie", probablement en référence aux périples de ces conquérants allant de mouillage en mouillage. De nombreux toponymes suédois conservent cette racine étymologique, tel Örnsköldsvik, dans le nord du pays, ou encore Alvik, une station de *tunnelbana* de Stockholm.

Pour en savoir plus

Inscrit au patrimoine mondial de l'Unesco, le comptoir de **Birka** (www.birkavikingastaden.se/en ; Björkö ; adulte/enfant 395/198 Skr ; mai-sept ; Stromma), sur l'île de Björkö du lac Mälaren, est une excellente destination pour plonger plus avant dans leur histoire, par exemple lors des croisières organisées par **Strömma Kanalbolaget** (www.stromma.se). Ne manquez pas non plus la visite de la section dédiée aux Vikings du Historiska Museet (p. 84). *Les Vikings*, de l'historien Francis Boyer, traite brillamment de cette période de l'histoire scandinave (Suède incluse). Discutable sur le plan historique, la série *Vikings*, diffusée en France sur Canal +, donne pourtant un aperçu réaliste de la vie de ce peuple au VIIIe siècle.

Comprendre

Les lettres suédoises

Rien de tel pour connaître un pays de l'intérieur que d'en lire les auteurs fétiches. Voici des romans et écrits qui rendent compte de leur époque et de l'esprit des Suédois (tous ont été traduits en français).

Parmi les classiques de la littérature qui sont aussi de grands succès populaires, retenons *Le Cabinet rouge* (1879) et *Le Fils de la servante* (1886) d'August Strindberg, certes plus connu en France pour son théâtre (*Mademoiselle Julie*, *La Danse de mort*...) ; *Le Merveilleux Voyage de Nils Holgersson à travers la Suède* (1906-1907) de Selma Lagerlöf ; *Orm le Rouge* (1941), une saga viking écrite par Frans Gunnar Bengtsson ; les récits pour enfants signés Astrid Lindgren (1907-2002), connue pour son personnage de Fifi Brindacier ; *La Saga des Émigrants* de Vilhelm Moberg (4 tomes parus de 1949 à 1959) ; *Jalons*, les mémoires du politicien et prix Nobel de la paix Dag Hammarskjöld, mort en 1961 ; *La Fabrique de violence* (1981) de Jan Guillou ; et enfin, *Vieux, râleur et solitaire. La Vie selon Ove* (2013) de Fredrik Backman.

Une terre de "romans noirs"

Le succès de la trilogie *Millennium* de feu Stieg Larsson (1954-2004) a attiré une attention bien méritée sur le roman policier suédois. Car *Les hommes qui n'aimaient pas les femmes*, suivi par *La Fille qui rêvait d'un bidon d'essence et d'une allumette* et *La Reine dans le palais des courants d'air* ne représentent que la partie émergée de l'iceberg littéraire qu'est le polar suédois, souvent en prise avec l'histoire contemporaine, parfois très sombre, du pays.

Le plus célèbre écrivain "noir" de Suède, Henning Mankell (1948-2015), a mis en scène les enquêtes du taciturne Kurt Wallander – il a souvent été primé, en particulier pour *Meurtrier sans visage* (1991) ou *Le Guerrier solitaire* (1995). Moins connu en France mais aussi talentueux, et plus drôle, Håkan Nesser a lui aussi été salué par la critique – de lui, citons *Retour à la Grande Ombre* (1995) ou *Le Mur du silence* (1997). Johan Theorin a choisi l'île d'Öland comme cadre pour son "quatuor" entamé avec *L'Heure trouble* (2007). Kerstin Ekman (*Crimes au bord de l'eau*, *Signes de jadis*) s'est fait un nom en France, tout comme les plus jeunes Karin Alvtegen (*Recherchée*, 2003), surnommée la "reine du polar" en Suède, Camilla Läckberg (*La Princesse des glaces*, 2003) et Jens Lapidus (*Stockholm noir. L'argent facile*, 2008), qui sont d'autres plumes à suivre.

Grandpa

MODE ET ACCESSOIRES

7 Plan p. 102, B1

Avec sa déco inspirée des hôtels de la Côte d'Azur des années 1970, la deuxième adresse de Grandpa à Stockholm a un charme fou. À mettre dans votre cabas, une sélection soignée de mode vintage ou imitation vintage, des accessoires et babioles branchés et décalés, et çà et là, un sèche-cheveux, une valise ou un vieux poste de radio. Sur place, le petit café sympa sert un bon expresso. (08-643 60 81 ; www.grandpa.se ; Fridhemsgatan 43 ; 11h-19h lun-ven, jusqu'à 17h sam, 12h-16h dim ; Fridhemsplan)

Västermalmsgallerian

CENTRE COMMERCIAL

8 Plan p. 102, B1

Ce petit centre animé, juste à la sortie de la station de métro Fridhemsplan, propose des articles remarquables : design scandinave chez DesignTorget, petites culottes sexy chez Björn Borg, cosmétiques culte chez Face Stockholm ou encore de la mode femme et enfants à petits prix chez H&M – une enseigne suédoise. (08-737 20 00 ; www.vastermalmsgallerian.se ; St Eriksgatan 45 ; 10h-19h lun-ven, jusqu'à 17h sam, 11h-17h dim ; Fridhemsplan)

100% Stockholm

Sous les pavés, la plage

Kungsholmen peut se targuer de posséder la plus grande plage du centre de Stockholm, la **Smedsuddsbadet**. Au premier signe printanier de radoucissement, les Stockholmois s'y pressent pour profiter du soleil qui leur a tant manqué durant le long hiver. Pour leur emboîter le pas, rejoignez le **Rålambshovsparken** (p. 103) par le sentier piétonnier qui longe Norr Mälarstrand, au bord de l'eau, vers l'ouest. Rålambshovsparken est aussi l'endroit où pratiquer avec les habitants les dernières activités à la mode : yoga en plein air, aérobic, crossFit, Bootcamp... Pas une nouveauté n'est inconnue ici !

Les incontournables Drottningholm

Comment y aller

Drottningholm est à 10 km à l'ouest de Stockholm.

Ⓜ Brommaplan, puis bus n°301-323.

Départs des bateaux Strömma Kanalbolaget depuis le Stadshusbron à Stockholm (trajet 1 heure ; aller-retour 210 Skr).

Facilement accessibles depuis la capitale, le domaine royal et les parcs de Drottningholm, sur l'île de Lovön, sont une excursion très prisée. La famille royale de Suède vit une partie de l'année dans le château de Drottningholm, conçu dans un style inspiré de la Renaissance par Nicodemus Tessin l'Ancien (1615-1684), architecte de génie ; la construction du palais débuta en 1662, à peu près au même moment que celle du château de Versailles. Le domaine royal a été inscrit en 1991 au patrimoine mondial de l'Unesco.

Le décor baroque de la chambre de la reine Edwige-Éléonore

La chambre royale d'Edwige-Éléonore

La chambre de la reine consort Edwige-Éléonore de Holstein-Gottorp (voir page suivante) présente d'opulents décors qui en font l'intérieur baroque le plus riche de Suède. Des peintures y représentent l'enfance de leur fils, le futur Charles XI, tandis que le plafond, lui, montre la reine au côté de son époux.

La galerie de Charles X Gustave

De style baroque, cette galerie illustre les exploits militaires du monarque, qui fut roi de Suède de 1654 à 1660 ; le plafond est orné de scènes de batailles célèbres, dont le prestige rejaillit sur Charles X Gustave.

La bibliothèque

Si les 2 000 ouvrages de la collection de Louise-Ulrique de Prusse (1720-1782), épouse du roi Adolphe-Frédéric de Suède, ont été transférés à la Bibliothèque royale de Stockholm pour en assurer la préservation, sa bibliothèque demeure, lumineuse, imposante et riche d'une grande partie de son mobilier original du XVIIIe siècle.

Le corps de garde

À l'origine dépouillé et fonctionnel, le corps de garde inférieur nord a perdu de son utilité avec le temps et, bénéficiant d'un embellissement, a changé de fonction : il est aujourd'hui paré de lourdes tentures de cuir doré, typiques des palais du XVIIe siècle.

L'escalier

L'escalier du château, minutieusement orné de statues et de trompe-l'œil à chaque palier, est l'œuvre commune de Nicodemus Tessin l'Ancien et de son fils Nicodemus Tessin le Jeune. Les jardins géométriques, impressionnants par leur symétrie, méritent une visite.

08-402 62 80

www.kungahuset.se

adulte/- de 18 ans 130/65 Skr, billet combiné avec le Kina Slott 190/90 Skr

10h-16h30 mai-sept, 11h-15h30 oct-avr, 12h-15h30 sam-dim reste de l'année (fermé mi-décembre à janvier)

Stadshuskajen (l'été seulement), Brommaplan, puis bus n°301-323 jusqu'à Drottningholm

À savoir

- Visite guidée d'une heure très intéressante (30 Skr mai-sept, gratuit reste de l'année ; en anglais à 10h, 12h, 14h et 16h juin-août ; 12h et 14h reste de l'année).

Une petite faim ?

Apportez votre pique-nique pour profiter des jardins, ou déjeunez dans l'un des restaurants proches du château, tel le charmant **Cafe Drottningholm** (08-759 03 96 ; Kantongatan ; gaufres 65 Skr ; 9h-16h30 mai-sept), proche du Kina Slott (p. 110).

Comprendre

Une femme de tête

À en croire les témoignages, la reine Edwige-Éléonore (1636-1715) était à la fois une beauté et une souveraine avisée. À la mort de son époux, Charles X Gustave, en 1660, elle assura la régence jusqu'à la majorité de son fils le futur Charles XI, fonction qu'elle reprit après le décès prématuré de ce dernier en 1697, pour une période plus brève, jusqu'au couronnement de son petit-fils Charles XII. Fils et petit-fils étaient tout dévoués à Edwige-Éléonore, dont ils prenaient les conseils très au sérieux. Cette amoureuse du théâtre, joueuse invétérée ne boudant jamais une fête, vécut une époque d'intrigues, de rumeurs et d'alliances parfois sordides, tant au plan personnel que dans le champ politique.

Drottningholms Slottsteater et Teatermuseum

Le **Slottsteater** (Théâtre du château et musée ; www.dtm.se ; entrée avec visite adulte/enfant 100/70 Skr ; visites toutes les heures 12h-15h30 ven-dim oct et avr, 12h-15h30 sam et dim nov et mars, 11h-16h30 mai-août, 11h-15h30 sept) fut construit sur les instructions de la reine Louise-Ulrique et achevé en 1766. Resté inchangé depuis la mort de Gustave III (1792) jusqu'en 1922, c'est aujourd'hui le plus vieux théâtre au monde conservé dans son état d'origine. La visite guidée, passionnante, permet de voir les autres salles. Le papier peint à la main du XVIIIe siècle et la salle italienne (salon de déjeuner) avec son trompe-l'œil et un plafond semblable au ciel sont superbes.

L'été, des spectacles sont toujours donnés dans le théâtre à l'aide des machines du XVIIIe siècle, dont des cordes, poulies, chariots et machines à vent – les décors peuvent être changés en moins de 7 secondes ! L'époque avait le goût de l'illusion et du trompe-l'œil, comme en témoigne l'emploi dans le théâtre de papier mâché, de faux marbre et de fausses tentures. La scène a été conçue pour paraître plus grande.

Kina Slott (Pavillon chinois)

Tout au fond des jardins royaux, vous découvrirez les somptueuses décorations du **Pavillon chinois** (adulte/enfant 100/50 Skr, billet combiné avec le palais royal 190/90 Skr ; 11h-16h30 mai-sept), offert par le roi Adolphe-Frédéric à la reine Louise-Ulrique en cadeau d'anniversaire surprise, en 1753. Restauré de 1989 à 1996, il déborde de chinoiseries rococo parmi les plus délicates d'Europe. Le billet d'entrée comprend la visite guidée (en anglais), qui démarre à 11h, 13h et 15h tous les jours de juin à août (moins souvent en mai et septembre).

La tente des Gardes

En contrebas du Kina Slott, cette construction fantaisiste, qui n'a en réalité rien d'une tente (autre illusion), fut érigée en 1781 pour servir de caserne aux dragons de Gustave III.

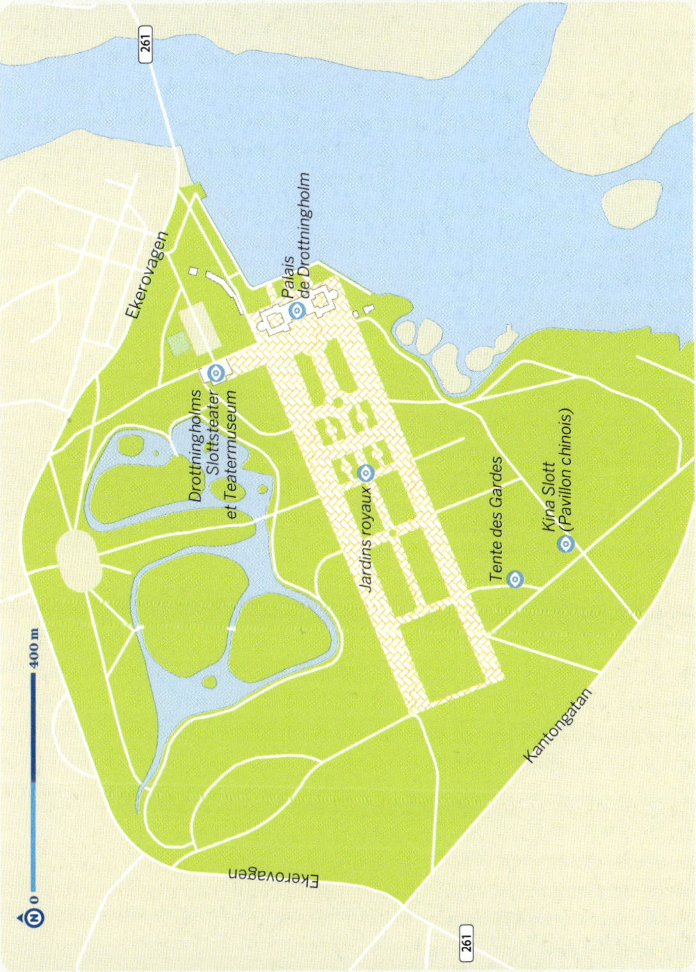

261
Ekerovagen
Palais de Drottningholm
Drottningholms Slottsteater et Teatermuseum
Jardins royaux
Tente des Gardes
Kina Slott (Pavillon chinois)
Kantongatan
Ekerovagen
261
N
0
400 m

Explorer

Vasastan

De ce quartier résidentiel émane une atmosphère sympathique en diable ! Il recèle quelques-unes des meilleures tables de Stockholm, mais aussi plusieurs excellents hôtels et deux centres d'art dans des bâtiments impressionnants. On peut également y admirer l'un des plus beaux exemples d'architecture scandinave : la Stadsbiblioteket.

L'essentiel en un jour

Pourquoi ne pas commencer votre journée en prenant un café et un gâteau au **Konditori Ritorno** (p. 117), établissement central et sans prétention ? Ensuite, traversez le parc jusqu'au **Sven-Harrys Konstmuseum** (p. 116), un musée aux lignes pures qui organise des expositions temporaires couvrant plusieurs domaines artistiques.

Déjeunez à l'accueillant et confortable **Vurma** (p. 117). Si vous n'êtes pas pressé, détendez-vous en dégustant une bière et des plats suédois réconfortants au **Tennstopet** (p. 119), un pub à l'ancienne. Remontez Odengatan pour jeter un coup d'œil à l'élégante **Stadsbiblioteket** (p. 115), la bibliothèque publique conçue par le grand architecte suédois, Erik Gunnar Asplund (voir p. 142).

Poursuivez vos déambulations en direction du **Bonniers Konsthall** (p. 115 ; photo à gauche), un musée d'art à l'architecture étonnante, dessiné par Johan Celsing, le fils de Peter Celsing, autre éminent architecte : cet espace passionnant vous occupera jusqu'au soir. Pour dîner, vous aurez l'embarras du choix ; si vous recherchez une cuisine suédoise traditionnelle mais de haut vol, bien présentée et servie par un personnel aux petits soins dans une ambiance décontractée, une seule adresse : le **Tranan** (p. 116).

Le meilleur du quartier

Musées et galeries

Bonniers Konsthall (p. 115)

Sven-Harrys Konstmuseum (p. 116)

Architecture

Stadsbiblioteket (p. 115)

Bonniers Konsthall (p. 115)

Parcs

Vasaparken (p. 116)

Cafés et restaurants

Caffé Nero (p. 116)

Konditori Ritorno (p. 117)

Vurma (p. 117)

Tennstopet (p. 119)

Tranan (p. 116)

Comment y aller

M Métro (tunnelbana)
St Eriksplan, Odenplan, Rådmansgatan

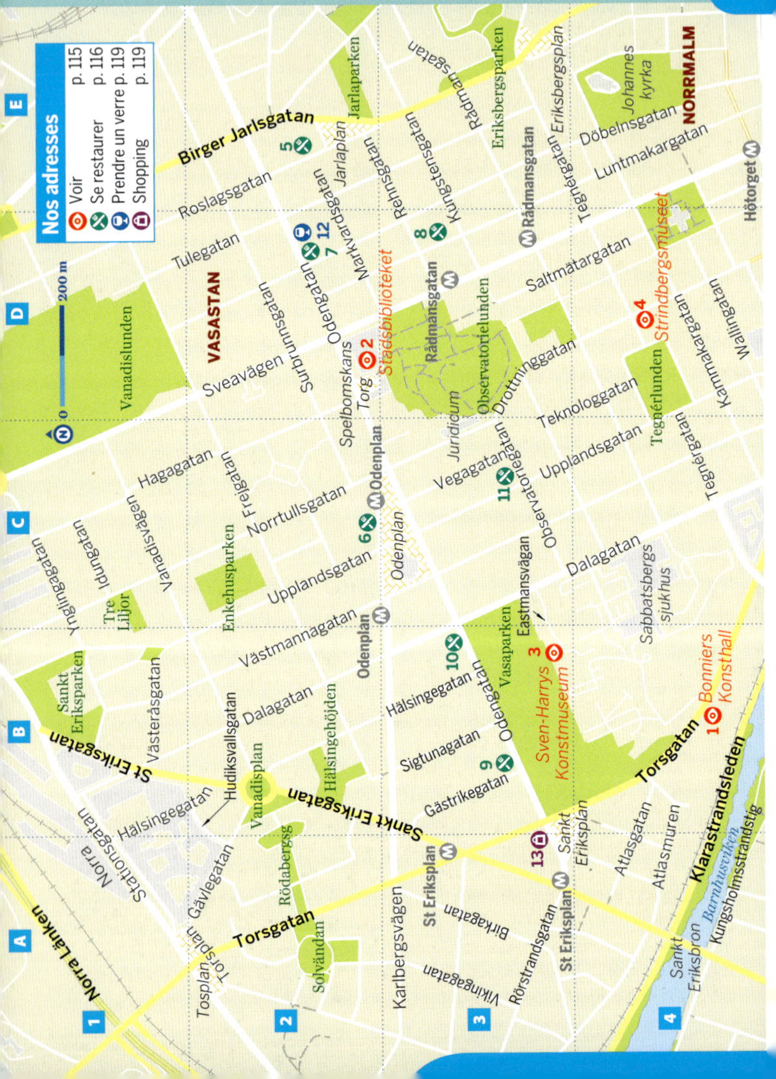
Nos adresses
Voir p. 115
Se restaurer p. 116
Prendre un verre p. 119
Shopping p. 119
0
200 m
A
B
C
D
E
1
2
3
4
VASASTAN
NORRMALM
1 Bonniers Konsthall
2 Stadsbiblioteket
3 Sven-Harrys Konstmuseum
4 Strindbergsmuseet
5
6
7
8
9
10
11
12
13
Birger Jarlsgatan
Roslagsgatan
Tulegatan
Sveavägen
Surbrunnsgatan
Odengatan
Markvardsgatan
Jarlaplan
Jarlaparken
Rehnsgatan
Kungstensgatan
Rådmansgatan
Eriksbergsparken
Eriksbergsplan
Johannes kyrka
Döbelnsgatan
Luntmakargatan
Hötorget
Saltmätargatan
Tegnérgatan
Observatorielunden
Drottninggatan
Teknologgatan
Tegnérlunden
Kammakargatan
Wallingatan
Upplandsgatan
Vegagatan
Juridicum
Spelbomskans Torg
Odenplan
Norrtullsgatan
Freigatan
Hagagatan
Vanadislunden
Vanadisvägen
Enkehusparken
Idungatan
Ynglingagatan
Tre Liljor
Västmannagatan
Dalagatan
Eastmansvägan
Observatoriegatan
Sabbatsbergs sjukhus
Vasaparken
Hälsingegatan
Sigtunagatan
Gästrikegatan
Hälsingehöjden
Sankt Eriksgatan
St Eriksgatan
Vanadisplan
Hudiksvallsgatan
Västeråsgatan
Sankt Eriksparken
Norra Stationsgatan
Gävlegatan
Rödabergsg
Torsgatan
Tosplan
Solvändan
Karlbergsvägen
St Eriksplan
Birkagatan
Vikingagatan
Rörstrandsgatan
Sankt Eriksplan
Atlasgatan
Atlasmuren
Klarastrandsleden
Barnhusviken
Kungsholmsstrandstig
Sankt Eriksbron
Norra Länken

THORIR INGVARSSON/SHUTTERSTOCK ©

Stadsbiblioteket (bibliothèque publique)

Voir

Bonniers Konsthall

MUSÉE D'ART

1 Plan p. 114, D4

Cette ambitieuse institution programme des expos d'art contemporain de haut vol ; elle dispose en outre d'une salle de lecture, d'un café accueillant et d'une riche programmation de séminaires et de rencontres. L'édifice tout en transparence, en forme de fer à repasser, est l'œuvre de Johan Celsing. Des débats autour des expositions (en anglais) ont lieu plusieurs fois par jour les mercredis, jeudis et dimanches. Les conservateurs animent une visite gratuite le dimanche à 14h. (08-736 42 48 ; www.bonnierskonsthall.se ; Torsgatan 19 ; gratuit ; 12h-17h jeu-dim, 12h-20h mer ; St Eriksplan)

Stadsbiblioteket

BIBLIOTHÈQUE

2 Plan p. 114, D2

Conçue par Erik Gunnar Asplund (voir p. 142), la principale bibliothèque publique de Stockholm se trouve au nord du centre-ville. Parfait exemple du néoclassicisme scandinave, elle a pour pièce maîtresse une salle de prêt ronde, tapissée de rayonnages remplis de milliers de livres, d'une grande beauté. (08-50 83 10 60 ; biblioteket.stockholm.se ; Sveavägen 73 ; entrée libre ; 10h-21h lun-jeu, 9h-19h ven et 12h-16h sam-dim ; Odenplan)

100% Stockholm

La vie dans un parc

Rendez-vous dans l'étonnant **Vasaparken**, immense parc très varié qui longe l'Odengatan. Il comprend des aires de sport en plein air, une piste de course, des terrains de football, des coins paisibles pour lire et un terrain de jeux immense où les enfants pourront se dépenser à loisir.

Sven-Harrys Konstmuseum

MUSÉE

3 Plan p. 114, B3

Ce bâtiment moderne à la flamboyante façade cuivrée (conçue par Gert Wingårdh et Anna Höglund) accueille depuis 2011 une galerie d'art proposant des expositions temporaires stimulantes, qu'elles soient consacrées à l'art de la mode ou à la peinture. L'autre partie du musée accueille, sur le toit-terrasse, la reconstitution de la demeure que Sven-Harry Karlsson, fondateur, propriétaire des lieux et collectionneur, possédait à Lidingö. Vous y verrez les œuvres d'art scandinave qu'il a recueillies, au milieu d'une opulente décoration et de meubles anciens ; la villa n'est accessible que dans le cadre d'une visite guidée (150 Skr, 45 minutes, en suédois seulement). Un restaurant primé donne sur le Vasaparken. (08-51 16 00 60 ; www.sven-harrys.se ; Eastmansvägen 10-12 ; adulte/étudiant et senior/- de 18 ans 100/80 Skr/gratuit ; 11h-19h mer-ven, 11h-17h sam-dim ; Odenplan)

Strindbergsmuseet

MUSÉE

4 Plan p. 114, D4

Aménagé dans l'appartement de la Blå Tornet ("tour bleue") où l'écrivain et dramaturge August Strindberg (1849-1912) passa les quatre dernières années de sa vie, ce musée est l'occasion de satisfaire votre penchant voyeuriste : jetez un coup d'œil dans les placards de l'auteur, parcourez les rayonnages de sa bibliothèque personnelle et inspectez son bureau. Expositions temporaires toujours passionnantes. (08-411 53 54 ; www.strindbergsmuseet.se ; Drottninggatan 85 ; adulte/enfant 75/50 Skr ; Rådmansgatan)

Se restaurer

Caffé Nero

CAFÉ **$$**

5 Plan p. 114, E2

On apprécie les plats italiens copieux (poisson, pâtes, salades) à prix doux, le café succulent et les pâtisseries de ce restaurant élégant mais sans prétention. Juste à côté, le bar-restaurant, Buco Nero, plus chic, invite des DJ la plupart des soirs. (www.nerostockholm.se; Roslagsgatan 4 ; plats déj 110-145 Skr, plats dîner 145-175 Skr ; 7h-16h lun-ven, 9h-17h sam-dim ; Odenplan, Rådmansgatan)

Tranan

SUÉDOIS **$$$**

6 Plan p. 114, C2

Les habitants raffolent de cet ancien pub converti en élégant petit restaurant de quartier. On y sert essentiellement une cuisine traditionnelle suédoise de poisson et fruits de mer, agrémentée de touches françaises. Le hareng frit est délicieux et la terrasse plaisante en été. Le week-end, des DJ et des groupes se produisent dans le bar en sous-sol. (08-52 72 81 00 ; www.tranan.se ; Karlbergsvägen 14 ; entrées 35-285 Skr, plats 160-395 Skr ; 11h30-23h lun-ven, 12h-23h sam-dim, 17h-23h tlj juil-août ; Odenplan)

Storstad

SUÉDOIS, INTERNATIONAL **$$$**

7 Plan p. 114, D2

Ce charmant bar-restaurant, proche d'Odenplan et adjacent à Olssons (p. 119), sert des classiques scandinaves comme les *toast skagen* (boulettes de viande suédoises), ainsi que des plats plus familiers aux papilles belges et françaises (moules-frites et tarte Tatin, notamment). L'endroit se transforme en bar à cocktails animé en soirée. (www.storstad.se ; Odengatan 41 ; plats 125-325 Skr ; 16h-minuit lun, 16h-1h mar jeu, 16h-3h ven-sam ; Odenplan)

Lao Wai

VÉGÉTALIEN **$$**

8 Plan p. 114, D3

Envie d'une délicieuse cuisine à base de tofu et légumes ? Ici, tout est sans gluten et végétalien ! À midi, un menu fusion différent est proposé chaque jour de la semaine. Le menu du soir est plus cher. Goûtez le tofu fumé à la sichuanaise, servi avec des shiitakés, des piments, de l'ail, des mange-tout et des haricots noirs. (08-673 78 00 ; www.laowai.se ; Luntmakargatan 74 ; déj 110 Skr, plats dîner 220-240 Skr ; 11h-14h lun-ven, 17h30-21h lun-sam ; ; Rådmansgatan)

Vurma

CAFÉ **$$**

9 Plan p. 114, B3

Ce café confortable fait partie d'une petite chaîne de restaurants. Il sert des soupes, des salades saines et copieuses, des currys et des sandwichs. (www.vurma.se ; Gästrikegatan 2 ; plats 99-139 Skr ; 11h-20h ; ; St Eriksplan)

Konditori Ritorno

CAFÉ **$**

10 Plan p. 114, B3

L'arrière-salle accueillante et sans prétention ressemble au hall d'un vieux cinéma défraîchi. Prisés par les écrivains, les étudiants et les retraités, ses canapés en cuir usé et ses juke-box miniatures à chaque table en font une halte parfaite pour un sandwich aux crevettes et de délicieux pains *semla*. (08-32 01 06 ; Odengatan 80-82 ; sandwichs à partir de 50 Skr ; 7h-22h lun-jeu, 7h-20h ven, 8h-18h sam, 10h-18h dim ; Odenplan)

Bon plan

Optez pour le plat du jour !

Dans les restaurants de luxe, vous pouvez goûter de la grande cuisine à des prix plus raisonnables en choisissant le plat du jour.En général excellent, il est accompagné d'une salade, de pain et d'un café.

Comprendre

Stockholm à table

Comme beaucoup de gastronomies, la cuisine suédoise s'est enrichie d'influences diverses grâce à l'immigration et à la mondialisation qui l'ont teintée de saveurs inédites. Aujourd'hui, des chefs audacieux revisitent les spécialités suédoises en y associant différents courants culinaires. En vingt ans, Stockholm s'est ainsi forgé une réputation de gourmet, et certains de ses restaurants sont devenus des adresses incontournables en Europe.

Cuisine classique

La cuisine traditionnelle suédoise, ou *husmanskost*, utilise des ingrédients simples. Le meilleur exemple est, naturellement, les fameuses boulettes de viande ou les harengs marinés ou frits. Parmi les autres spécialités, essentiellement à base de poisson et de pommes de terre, citons le saumon fumé et le gravlax (des filets de saumon cru, assaisonnés de sel et d'épices et laissés en marinade durant quelques jours), et le *pytt i panna*, un sauté de pommes de terre servi avec des betteraves et un œuf sur le plat. Les sandwichs aux crevettes, composés de plusieurs couches, avec plus ou moins d'art et de mayonnaise, sont très répandus également. Enfin, la meilleure introduction à la cuisine suédoise est le *smörgåsbord*, buffet typique, généralement servi en hiver.

Nouvel art culinaire

La cuisine contemporaine suédoise mêle influences internationales, produits locaux et créativité. La population a découvert les vertus de son propre garde-manger ainsi que les saveurs exotiques venues de l'étranger. Les chefs se passionnent pour les produits de saison cultivés en Suède, comme les pommes de Kivik ou le Kalix Löjrom (des œufs de corégone blanc, un poisson), et les utilisent de manière inventive. Le respect des saisons est très important : baies au printemps, artichauts et écrevisses en été, truffes et racines comestibles en hiver. De plus en plus, les restaurants s'enorgueillissent de servir des aliments issus de l'agriculture biologique, tout en soutenant activement les pratiques agricoles éthiques et respectueuses de l'environnement.

L'institution du fika

Le *fika* n'est pas une simple pause-café, c'est un concept culturel : moment privilégié de sociabilisation, il est associé à l'idée de prendre son temps, certes autour d'un café et, souvent, d'une délicieuse pâtisserie.

100% Stockholm

Qui veut une bière ?

Il existe une multitude de pubs et de bars à Vasastan. **Tennstopet** (plan p. 114, C3 ; 08-32 25 18 ; www.tennstopet.se ; Dalagatan 50 ; plats du jour 129 Skr ; 11h30h-1h lun-ven, 13h-1h sam-dim ; Odenplan) est probablement le meilleur d'entre eux. S'il y avait une version suédoise de la série *Cheers* (dont l'action se passe dans un bar de Boston), elle aurait été filmée ici. On vient manger ou prendre un verre dans ce lieu plein de charme, orné de peintures à l'huile, de miroirs dorés et de bougies, au milieu d'une clientèle bohème et d'habitués. Une tranche de vie stockholmoise à observer avec une bonne *öl* (bière) et un plat de *husmanskost* (cuisine traditionnelle suédoise) – optez pour l'assiette de hareng (196 Skr pour deux personnes).

Flippin' Burgers

BURGERS **$$**

11 Plan p. 114, C3

La mode du burger s'est emparée de Stockholm. Le menu de Flippin' Burgers est court (des burgers, des frites et des milk-shakes), la queue devant sa porte en revanche est longue. Mais elle avance vite : entrez dans le bar pour prendre une bière Sam Adams en attendant. Les burgers, simples et délicieux, sont faits avec des ingrédients de bonne qualité (la viande de bœuf d'un élevage durable est hachée sur place chaque jour). (08-30 62 40 ; flippinburgers.se/en ; Observatoriegatan 8 ; burgers 95-130 Skr, frites 35 Skr ; 16h-22h lun-jeu, 11h-22h ven, 12h-22h sam-dim ; Odenplan)

Prendre un verre

Olssons skor

BAR

12 Plan p. 114, D2

Le néon bleu à l'extérieur de cet établissement rappelle qu'il accueillait autrefois un magasin de chaussures. Aujourd'hui, il sert d'annexe à Storstad (p. 117) et forme avec ce dernier un petit îlot d'animation dans cette rue résidentielle. (08-673 38 00 ; Odengatan 41 ; 21h-3h mer-sam ; Odenplan)

Shopping

Cajsa Warg

ALIMENTATION

13 Plan p. 114, A3

Il s'agit d'un magasin d'alimentation pour gourmets paisible et agréable privilégiant les produits d'une agriculture durable. Il fait bon s'y promener ou acheter de quoi remplir un délicieux panier de pique-nique. Vous y trouverez des présents et des douceurs à rapporter. (08-33 01 20 ; www.cajsawarg.se ; St Eriksplan 2 ; 8h-20h lun-ven, 10h-19h sam-dim, ouvert plus tard en été ; St Eriksplan)

Les incontournables
L'archipel de Stockholm

Comment y aller

Le port de Vaxholm, porte d'entrée dans l'archipel, est accessible en voiture, à 35 km au nord-est de Stockholm.

⛴ Waxholmsbolaget (www.waxholmsbolaget.se) est le principal opérateur maritime ; comptez 47-130 Skr pour un aller.

Les Stockholmois ne tarissent pas d'éloges sur l'archipel qui entoure leur capitale. Il forme de magnifiques paysages où les voiliers voguent entre des îles rocheuses, recouvertes d'épaisses forêts ou tapissées de fleurs sauvages et jalonnées des emblématiques maisons de bois rouge. Le nombre précis d'îles reste controversé : si les estimations oscillent entre 14 000 et 100 000, on s'accorde souvent sur le chiffre de 24 000. Une virée dans l'archipel constitue une escapade magique, facilement accessible depuis Stockholm, grâce à des ferries réguliers et à de nombreux circuits organisés.

Maison sur l'eau, Arholma (p. 122)

Vaxholm

Vaxholm est l'île la plus proche de Stockholm, et un pont permet d'y aller en bus. Elle donne un avant-goût de l'extraordinaire diversité de l'archipel. Par une journée de printemps ensoleillée, ses rues tortueuses et ses ravissantes maisonnettes sont charmantes. Le musée en plein air **Hembygdsgård** (08-54 13 19 80 ; Trädgårdsgatan 19 ; gratuit ; 11h-17h mai à mi-sept) réunit les plus belles maisons anciennes. L'île compte de nombreux restaurants, dont celui du superbe Waxholms Hotell. Le **Boulangerie Cafe** (08-54 13 18 72 ; South Port 6 ; en-cas à partir de 75 Skr ; 6h30-18h30 lun-jeu, jusqu'à 19h ven, 8h-19h sam) vous attend pour manger une pâtisserie. Plus d'informations auprès de l'efficace **office du tourisme** (08-54 13 14 80 ; www.vaxholmdestination.se ; Rådhuset ; 10h-18h lun-ven, jusqu'à 16h sam-dim mai-août, horaires réduits le reste de l'année).

Utö

Véritable star du sud de l'archipel, Utö possède de superbes plages de sable, de vertes forêts, des fermes, une abondante faune aviaire, une succulente boulangerie bio, **Utö Bageri** (Gruvbryggan ; petit-déj 85-145 kr, déj à partir de 150 kr, sandwichs 45-95 Skr; 8h-17h) ainsi qu'un restaurant réputé, le **Nya Dannekrogen** (08-50 15 70 79 ; www.nyadannekrogen.se ; Bygatan 1 ; plats 180-295 Skr, pizzas à partir de 135 Skr ; mai-sept). Les routes et les pistes qui quadrillent Utö en font un paradis pour les cyclistes : renseignez-vous sur la location de vélos à l'**office du tourisme** (08-50 15 74 10 ; www.uto.se/en/uto-tourist-office ; Gruvbryggan ; 10h-18h mai-sept). La plus belle plage de sable, **Stora Sand**, se trouve sur la côte sud. Le village le plus au nord, Gruvbryggan, est le principal arrêt de ferries. **Utö Vårdshus** (08-50 42 03 00 ; www.utovardshus.se ; Gruvbryggan ; ch auberge/hôtel à partir de 690/1 600 kr) en est l'unique hôtel.

À savoir

- La compagnie de ferries Waxholmsbolaget divise l'archipel en trois zones (centre, nord et sud). Sur les différentes lignes, numérotées, un aller-retour complet par jour est généralement assuré, avec plusieurs escales.
- La plupart des villages de l'archipel, très isolés, ont une offre limitée de restauration et de commerces : emportez donc quelques provisions. Vous trouverez un bar-restaurant sur les ferries.

Une petite faim ?

Quelle que soit votre destination, il y a fort à parier que vous passerez par Vaxholm, soit pour une correspondance de ferries, soit pour visiter ce joli port. Allez vous régaler de produits de la mer dans le cadre historique du **Waxholms Hotell** (08 54 13 01 50 ; www.waxholmshotell.se ; Hamngatan 2 ; buffet 395 Skr, plats 169-305 Skr ; 12h-22h30 lun-sam, 12h-21h dim).

Comprendre

Croisière express ou flânerie insulaire ?

Deux options s'offrent à vous pour visiter l'archipel, selon vos envies et le temps à votre disposition.

- Le temps vous manque ? Des croisières organisées, de quelques heures à une journée complète, permettent de voir plusieurs îles, avec de courtes escales dans une ou deux. Renseignez-vous sur les formules de la **Stromma Kanalbolaget** (p. 65) ; la plus complète, très appréciée, est le circuit "1 000 îles" (à partir de 1 235 Skr, avec repas) et rallie des îles au large.
- Si vous disposez de plusieurs jours, prenez le temps de flâner d'île en île et planifiez votre itinéraire avec les ferries **Waxholmsbolaget** (08-600 10 00 ; www.waxholmsbolaget.com/visitor ; Strömkajen ; 7h-14h lun, 8h-14h mar-jeu, 7h30-16h30 ven, 8h-12h sam, 8h30-12h dim ; Kungsträdgården). L'archipel possède tant d'auberges de jeunesse, de campings et d'hôtels chaleureux, sans parler des excellents restaurants, qu'il serait dommage de ne pas en profiter.

Arholma

Dans l'extrême nord de l'archipel, Arholma, classée réserve naturelle, est une île aussi belle que paisible, qui fut quasi réduite en cendres lors de l'invasion russe de 1719. Son phare, reconstruit au XIXe siècle, accueille aujourd'hui une galerie d'art et offre de superbes panoramas. Des sentiers de randonnée, des pistes cyclables, des possibilités de sorties en kayak, des plages de sable et même un parcours en tyrolienne dans la forêt vous attendent sur l'île. L'auberge **STF Arholma/ Bull-August Gård** (0176-560 50 ; www.bullaugust.se ; Arholma Södra Byväg 8 ; dortoir à partir de 650 Skr ; P) est excellente.

Finnhamn

Véritable archipel à elle seule, Finnhamn, avec ses forêts et prairies, ses criques abritées et ses falaises rocheuses, a souvent les faveurs de hiboux grands-ducs. Très fréquentée l'été, elle ménage suffisamment de coins tranquilles pour satisfaire l'ermite qui sommeille en vous. Vous pouvez louer des kayaks, des canoës et des stand-up paddle (SUP) au kiosque de Paradisviken, au milieu de l'île. Si la faim vous tenaille, ne passez pas à côté de l'excellente cuisine du **Finnhamns Café & Krog** (08-54 24 62 12 ; www.finnhamn.se ; Ingmarsö ; plats déj 145-165 kr, plats dîner 165-285 Skr; 11h30-21h ven-sam, 11h30-16h30 dim mai et sept), réputé pour ses produits de la mer et ses spécialités régionales revisitées. **STF Vandrarhem Utsikten** (08-54 24 62 12 ; www.finnhamn.se ; ch à 2/3/4 lits 820/1 050/1 250 kr, bungalows à 2/4 lits 820/890 Skr ; toute l'année ; @) est l'auberge de l'île.

Uppsala
Erken
Arholma
E4
280
Ekoln
Knivsta
77
Rimbo
Kapellskär
77
E18
Aéroport d'Arlanda
Marö
Sigtuna
77
Furusund
Gräskö
273
273
Parc national d'Ängsö
Kudoxa
Bergshamra
Norröra
Yxlan
E4
276
Söderöra
Siaröfortet (Kyrkogårdsön)
Blidö
268
Svartlöga
Brunna
276
Siarö
Ljusterö
Ängö
Kungsängen
Finnhamn
E18
Mälaren
Ingmarsö
274
Stora Kalholmen
Svartsö
Möja
Vaxholm
Lidingö
Grinda
Gällnö
Lökaön
Färingsö
Aéroport de Bromma
Fjäderholmarna
Vindö
Hasseludden
Harö
STOCKHOLM
Gustavsberg
Djurö
Globen
Ekerö
Värmdö
Eknö
222
Saltsjöbaden
Sandhamn
E20
Sandön
Huddinge
Stavsnäs
Grönskär
Alta
Ingarö
Botkyrka
Tyresö
Runmarö
Nämdö
Bullerö
Vårsta
Jordbro
Mörtö
Långviksskärs naturreservat
257
Dalarö
Ornöboda
Kymmendö
Årsta Havsbad
Fiversättraön
Ornö
Muskö
Fjärdlång
73
Ösmo
Utö
Gruvbryggan (Gruvbyn)
Nynäshamn
Rånö
Ålö
Bedarön
Nattarö
Himmerfjärden
N
0
30 km

Stockholm selon ses envies

Les plus belles balades

Envie de...

Le quai de Skeppsbron, à Gamla Stan, vu depuis l'île de Skeppsholmen (p. 50)

Les plus belles balades
Gamla Stan et ses environs

Itinéraire

Parcourir Gamla Stan, c'est remonter aux racines de Stockholm. L'essentiel des sites d'intérêt se concentre sur Västerlånggatan et sur Stora Nygatan, mais il suffit de s'aventurer dans certaines ruelles adjacentes, plus tortueuses et plus paisibles, pour découvrir des paysages urbains de grand charme, qui évoquent irrésistiblement le passé.

Départ Gamla Stan

Arrivée Gamla Stan

Distance et durée 2,5 km ; 1 heure 30

Une petite faim ?

Entrez dans le modeste **Cafe Järntorget** (www.cafejarntorget.se ; Västerlånggatan 81 ; glace 1/2/3 boules 40/50/60 Skr ; 8h-18h lun-ven, 10h-18h sam-dim, jusqu'à 23h en été ; Gamla Stan) pour goûter une crème glacée aux parfums classiques ou plus originaux, comme celle au "Poivre turc" (Turkisk Peppar), un bonbon à la réglisse populaire en Suède.

VERONIKA GALKINA/SHUTTERSTOCK ©

Riddarholmskyrkan (p. 30)

1 Riddarholmen

Hormis sa jolie église (photo ci-dessous), qui est aussi la nécropole des rois de Suède, cet îlot méconnu ne regorge pas de sites touristiques. Ses rues pavées et les façades pastel de ses maisons, lovées les unes contre les autres, en font pourtant un régal pour le flâneur.

2 Evert Taubes Terrass

À l'extrémité ouest de Riddarholmen, cette esplanade pavée est ornée de sculptures impressionnantes. *Everlife* est un bronze réalisé en 1990 par Willy Gordon en hommage à celui qui donne son nom à l'esplanade, le chanteur et luthiste suédois Evert Taube. À l'autre bout se dresse *Solbåten* (1966) de Christian Berg.

3 Riddarhuset

En repartant vers Gamla Stan, vous passerez devant la Riddarhuset, imposant édifice rose et turquoise. La "Maison de la noblesse" (ou "des chevaliers") est l'œuvre des architectes français Simon et Jean de la Vallée, père et fils, et fut achevée en

1660. La statue devant l'édifice représente Axel Oxenstierna (1583-1654), proche conseiller de la reine Christine.

❹ Stortorget

Rejoignez Mynttorget pour déboucher dans Västerlånggatan, la rue commerçante du quartier, avant de remonter vers Prästgatan, plus tranquille. Tournez à gauche et montez jusqu'à Stortorget, place principale de la vieille ville, flanquée de bâtiments anciens et souvent prise d'assaut par les vacanciers – qui pourrait dire qu'elle fut le théâtre d'un massacre, le "bain de sang de Stockholm", en 1520 ?

❺ Köpmantorget

Suivez Köpmangatan (la "rue du Marchand") jusqu'à une placette triangulaire où trône une réplique en bronze, de 1912, de *Saint Georges terrassant le dragon* de Bernt Notke, dont l'original en bois, du XVe siècle, est à la **Storkyrkan** (p. 32), la cathédrale de Stockholm. Prenez la rue en pente sur votre droite, et continuez sur Österlånggatan, autre artère commerçante.

❻ Järntorget

Österlånggatan débouche sur cette charmante place, à peine plus récente que Stortorget (elle date du XIVe siècle), qui fut longtemps un grand marché. En revenant vers votre point de départ, ne manquez pas Mårten Trötzigs Gränd, la rue la plus étroite de la capitale, qui se faufile vers la droite en remontant Västerlånggatan.

Les plus belles balades

Au bord de l'eau

Itinéraire

Ce n'est pas pour rien que Stockholm est appelée "la belle sur l'eau" : bâtie sur quatorze îles, elle peut se targuer de disposer de kilomètres de quais le long de la mer Baltique et du lac Mälaren, le troisième de Suède pour la superficie. Cette promenade emprunte les plus beaux tronçons de ces rivages. Découvrez des paysages de carte postale et des sites incontournables, à arpenter de préférence en fin d'après-midi – et muni d'un appareil photo !

Départ Slussen

Arrivée Nybrokajen

Distance et durée 8 km ; 1 à 3 heures

Une petite faim ?

Pour manger sur le pouce et typiquement suédois, rien de tel qu'une assiette de harengs préparés par le stand **Nystekt Strömming** (p. 77), juste à la sortie de la station de *tunnelbana* Slussen. Table de pique-nique à proximité.

Strömparterren

❶ Monteliusvägen

Suivez Hornsgatan vers l'ouest depuis la station de métro (*tunnelbana*) Slussen – vous passerez devant **Akkurat** (p. 79), une excellente adresse pour boire une bonne bière à Stockholm. Vous prendrez à droite dans Bellmansgatan, puis à gauche dans Bastugatan, qui vous conduira jusqu'au point de vue de Monteliusvägen : ce chemin longe de belles demeures historiques et dévoile un magnifique panorama sur Stockholm et le lac Mälaren.

❷ Fjällgatan

De retour vers Slussen, remontez Katarinavägen jusqu'au croisement avec Fjällgatan. Cette toute petite rue, jumelle de Monteliusvägen, est un chemin gravillonné bordé de maisons anciennes qui ménage une belle vue aussi, d'un autre angle. À son extrémité, près du **Hermans Trädgårdscafé** (p. 76), un escalier branlant descend vers Stadsgårdsleden, que vous prendrez en direction de Slussen.

❸ Skeppsbrokajen

Traversez Gamla Stan sans quitter le bord de l'eau en suivant le Skeppsbron et Skeppsbrokajen : la circulation de bateaux est intense par ici, et la vue sur Skeppsholmen, de l'autre côté du Strömmen, imprenable.

❹ Strömparterren

Faites le tour du **Kungliga Slottet** (p. 24) pour prendre à droite le Norrbro. Ce petit pont, qui enjambe un parc de sculptures appelé le Strömparterren, a bien failli être démoli au profit d'un parking. Heureusement, grâce aux découvertes réalisées sous terre à la faveur des travaux, il abrite aujourd'hui l'excellent **Medeltidsmuseet** (p. 30). Au bout du pont, tournez à droite et marchez au bord de l'eau et du Norrström jusqu'à la passerelle qui rejoint Skeppsholmen.

❺ Kastellet

La balade se poursuit sur la côte ouest de l'île verdoyante de Skeppsholmen, où vous passerez devant la Vandrarhem af Chapman & Skeppsholmen, une fameuse auberge de jeunesse installée sur l'eau. Tout au bout de l'île se cache une île plus petite encore, Kastellholmen, qui abrite le fort du Kastellet. Le tour de cet îlot offre un panorama à 360°, notamment sur Gamla Stan, Södermalm et Djurgården.

Envie de... Cuisine suédoise

Stockholm est une ville où l'on apprécie la bonne chère. Relativement petite, elle compte plus d'une demi-douzaine de restaurants étoilés au guide Michelin, et de nouvelles adresses ouvrent leurs portes continuellement. L'originalité se niche aussi bien dans les super aliments et autres plats sains et végétariens que dans les modes de cuisson traditionnels (fumage et feu de bois). Succès oblige, certains visiteurs ne viennent ici que pour en découvrir les bonnes tables !

Le pain quotidien

Si vous ne voulez pas vous attabler dans un grand restaurant, les cafés servent un choix de plats faciles (salades, sandwichs, quiches). L'essor des restaurants "nature" ravira les végétariens et les personnes soucieuses de leur santé. Dans un tout autre registre, le burger est aussi tendance dans la capitale suédoise.

Sur le pouce

Pour grignoter dans la rue, les Suédois ne jurent que par le hot dog. La formule de base est la *grillad korvmed bröd* ("saucisse grillée dans du pain"), mais vous pouvez aussi goûter la saucisse *kokt* (bouillie) ou la *korv* qui, roulée dans du pain "polaire", s'agrémente de divers accompagnements, de la salade de crevettes à la purée de pommes de terre.

Repas de fête

À l'approche de Noël, nombre de restaurants préparent le *julbord*, variante gargantuesque du *smörgåsbord*, le buffet suédois. Au menu figurent de vrais régals de saison, tel le *Janssons frestelse*, un gratin de pommes de terre à la crème, aux oignons et aux anchois.

LEISA TYLER/LIGHTROCKET VIA GETTY IMAGES ©

À savoir

- En semaine, le menu à prix fixe *dagens rätt* est d'un excellent rapport qualité/prix (90-130 Skr). Servi de 11h à 14h, il comprend un plat chaud, une salade, une boisson, du pain et du café.
- Des adresses végétariennes sont des buffets à volonté, formule très prisée des Stockholmois.
- Pour goûter l'*husmanskost* (cuisine maison : boulettes de viande, hareng frit, etc.), allez dans les pubs et les restaurants à l'ancienne.
- Voir aussi l'encadré p. 118.

LENA GRANEFELT/LONELY PLANET ©

Restaurants

Kryp In Excellent restaurant de Gamla Stan à l'ambiance intimiste, à la fois haut de gamme et sans prétention. (p. 32)

Rosendals Trädgårdskafe De succulents produits à déguster au cœur d'un jardin botanique de Djurgården. (p. 66)

Hermans Trädgårdscafé Buffet végétarien de premier ordre, avec vue sur Södermaln. (p. 76)

Grands Verandan Ce restaurant de Norrmalm est le meilleur pour savourer un *smörgåsbord* (buffet). (p. 45)

Woodstockholm Restaurant, doublé d'un bar à vins, qui revisite les plats traditionnels de la cuisine suédoise. (p. 76)

Ekstedt Une table étoilée pour sa créativité. Des recettes anciennes et des modes de cuisson traditionnels. (p. 90 ; photo p. 130)

Cuisine végétarienne

Hermitage Délicieux buffet végétarien à Gamla Stan. (p. 32)

Holy Greens Fast-food diététique, à Norrmalm, avec "super aliments" (fruits et noix) et autres bols du Bouddha (plat complet, avec légumes, céréales, légumineuses et oléagineux). (p. 45)

Mahalo Une cuisine saine et tendance à Södermalm. (p. 78)

Chutney Currys et ragoûts végétariens copieux à Södermalm. (p. 76)

Rutabaga Le célèbre chef Mathias Dahlgren prépare ici des délices végétariens. (p. 45)

Cuisine traditionnelle

Magnus Ladulås Dégustez des classiques suédois dans un décor médiéval à Gamla Stan. (p. 34)

Fem Små Hus Ce lieu allie à la perfection cuisine traditionnelle et cadre historique. (p. 34)

Pelikan Cette brasserie à l'ancienne sert un bon choix de plats traditionnels. C'est l'occasion idéale de manger du renne. (p. 77)

Sturekatten Sirotez un café ou un thé avec des gâteaux dans cette adorable adresse au charme suranné, à Östermalm. (p. 92)

Envie de... Café(s)

Le café comme les échanges sociaux qui l'accompagnent tiennent une place si importante dans le quotidien des Suédois qu'ils ont un mot, *fika*, pour évoquer les "retrouvailles entre amis ou collègues le temps d'une pause café". La gamme des boissons à base de café s'est considérablement étoffée ces dernières années, de même que les établissements qui les servent. À accompagner sans discuter d'une douceur, car les cafés de Stockholm servent vraiment de délicieux gâteaux et pâtisseries.

JULIE MAYFENG/SHUTTERSTOCK ©

☑ À savoir

- Les Stockholmois boivent du café du matin au soir.
- Le pays se classe au 2e rang au monde pour sa consommation de petit noir, juste derrière la Finlande.

Meilleures adresses pour le "fika"

Sturekatten Ce café d'Östermalm, au mobilier ancien, sert de délicieux gâteaux. Tout y est très raffiné (p. 92)

Bianchi Cafe & Cycles Café italien, à l'expresso parfait, à Norrmalm. Restaurant sur place et vélos Bianchi à vendre en prime (p. 39)

Café Saturnus Les brioches à la cannelle les plus généreuses de Stockholm – et la plus belle mosaïque au sol ! À Östermalm. (p. 91)

Wiener Caféet Ce superbe café Art déco de Norrmalm sert une excellente cuisine. L'après-midi, prenez un repas léger et de succulents gâteaux. (p. 45)

String Un lieu accueillant, à Södermalm. Formidable buffet-brunch le week-end, avec du houmous maison délicieux. (p. 77)

Rosendals Trädgårdskafe Des pâtisseries, d'impressionnantes salades bio et du café dans un jardin botanique : comment ne pas se sentir bien ? (p. 66)

Grillska Husets Konditori Excellente boulangerie avec terrasse sur la grand-place de Gamla Stan. Goûtez le sandwich aux crevettes. (p. 34)

Chokladkoppen Situé sur la place principale de Gamla Stan, ce café pourrait bien être l'un des meilleurs de la ville ! (p. 32)

Caffé Nero Cette adresse cosy de Vasastan sert des plats italiens consistants. Le soir, c'est plutôt le bar voisin qui attire la foule. (p. 116)

Envie de... Musées

Encore un domaine dans lequel Stockholm excelle : impossible ici de s'ennuyer dans un musée ! Peut-être est-ce dû à la passion des Suédois pour la simplicité élégante du cadre de vie, mais les institutions de la capitale savent à la perfection joindre l'utile à l'agréable. Les musées d'art sont superbes, tandis que les musées d'histoire font un savant usage du multimédia pour séduire petits et grands.

Pour tous les goûts

Kungliga Slottet
Le palais royal, un chef-d'œuvre en lui-même, renferme plusieurs musées. (p. 24)

Skansen Écomusée dédié à l'art populaire de la Suède. Accordez-vous au moins une journée pour le visiter. (p. 52, photo ci-dessus)

Vasamuseet L'écrin du *Vasa*, qui a sombré en 1628. (p. 56)

Historiska Museet
Passionnante plongée multimédia dans l'histoire de la Suède et de sa culture plurimillénaire. (p. 84)

Nobelmuseet Laissez-vous inspirer par les plus grands penseurs et créateurs de notre temps : les lauréats du prix Nobel. (p. 30)

Medeltidsmuseet
Faites découvrir un Stockholm médiéval à vos enfants, ainsi que les fondations du palais royal. (p. 30)

Nordiska Museet L'art et l'artisanat suédois à travers les âges, présentés de façon ludique. (p. 63)

Spritmuseum
Un regard amusant sur le rapport complexe du pays à l'alcool. Avec dégustation ! (p. 63)

Tekniska Museet
Comment ça marche? Tout est interactif dans ce musée des sciences et techniques : il faut pousser, tirer, mesurer et tester. (p. 64, p. 97)

JO CREBBIN/SHUTTERSTOCK ©

De l'art à foison

Nationalmuseum
La plus grande collection d'œuvres d'art du pays du Moyen Âge à nos jours. Grandiose ! (p. 42)

Moderna Museet
L'un des meilleurs musées d'art moderne et contemporain d'Europe. (p. 58)

Fotografiska
Admirez les clichés de cette galerie de photographie de Södermalm. (p. 70)

Bonniers Konsthall
Œuvres d'avant-garde dans une architecture futuriste à Vasastan. (p. 115)

Prins Eugens Waldemarsudde
Très beau musée d'art scandinave, dans un cadre magnifique au bord de l'eau. (p. 61, p. 65)

Envie de... Vie nocturne

De la cave voûtée, parfaite pour savourer une pinte, au club sous stroboscopes, où l'ambiance monte à partir de 3h du matin, l'éventail des nuits stockholmoises est large. Si vous envisagez une longue soirée en boîte, rendez-vous d'abord sur le site Internet du club pour vous inscrire sur la *guest list* (en particulier si vous souhaitez aller dans un endroit précis et/ou si vous n'avez qu'une soirée à passer en ville). Pour sortir, habillez-vous avec élégance et suivez votre instinct – et les noctambules.

Meilleurs bars et clubs

Akkurat Une formidable brasserie de Södermalm. (p. 79)

Berns Salonger Chargé d'histoire, ce lieu chic et bien conçu accueille concerts et DJ. (p. 46)

Café Opera Les vedettes du rock se produisent dans la plus belle boîte de nuit de Stockholm. (p. 46 ; photo ci-dessus)

East Bons sushis et cocktails formidables dans ce bar de la Stureplan. (p. 46)

Kvarnen Cette brasserie traditionnelle de Södermalm compte une piste de danse populaire la nuit. (p. 78)

Sturecompagniet Une boîte de nuit assez discrète, au ravissant décor baroque, sur la Stureplan. (p. 92)

Lemon Bar Il est vraiment possible de danser très tard dans ce bar à cocktails convivial de Kungsholmen. (p. 104)

Solidaritet Musique électronique et DJ internationaux dans ce club de Norrmalm. (p. 46)

Debaser Strand Des musiciens viennent jouer dans ce bar accueillant de Södermalm, situé sur la plage de Hornstull. (p. 79)

Spy Bar Un club où il est difficile de pénétrer à moins d'être célèbre (ou de le paraître). (p. 93)

À savoir

- Le vestiaire est obligatoire dans de nombreux clubs et bars, et souvent payant (20-30 Skr).
- Les soirs d'affluence, les clubs font parfois payer cher l'entrée (150-200 Skr), après vous avoir fait attendre dehors (à moins que vous ayez réussi à vous inscrire sur la *guest list*).
- Certains clubs restent ouverts après la fermeture du *tunnelbana* (métro) : prévoyez un budget taxi ou mémorisez les lignes de bus de nuit.

Envie de... Scène musicale

La scène musicale de Stockholm est très vivante. Toutes les nuits, il est possible d'écouter de prometteurs artistes indépendants, du rock, du blues et de la pop des Balkans. Le jazz est très prisé grâce à la venue de vedettes et au Stockholm Jazz Festival qui se tient en octobre. Les concerts classiques sont parfois très bon marché, et de grands noms de la pop ou du rock se produisent régulièrement dans la capitale.

LONELY PLANET/GETTY IMAGES ©

Jazz

Le succès du jazz suédois ne se dément pas depuis les années 1930, avec un point d'orgue dans les années 1950, incarnées par des artistes comme Lars Gullin et Monica Zetterlund. Les clubs de jazz sont très courus, et les amateurs ne manqueront pas le Stockholm Jazz Festival (p. 144).

Rock et pop

La pop suédoise rime avec Agnetha, Björn, Benny ou Frida, les noms des membres du groupe ABBA dans les années 1970 (voir p. 64), sans pourtant s'endormir sur cette renommée ancienne. Le pays demeure le 3e exportateur mondial de musique, juste derrière les États-Unis et la Grande-Bretagne – une prouesse au regard de sa démographie.

Opéra et musique classique

L'Opéra de Stockholm est une institution et le Konserthuset propose des concerts de musique classique accessibles à des prix abordables.

Jazz et rock

Glenn Miller Café L'un des temples du jazz et du blues à Norrmalm. (p. 48)

Debaser Strand Des groupes de rock indépendant et d'autres plus traditionnels viennent y jouer. (p. 79)

Mosebacke Etablissement Des groupes célèbres et des artistes locaux appréciés se produisent dans cet établissement de Södermalm. (p. 80)

Stampen Club de jazz et de blues accueillant de Gamla Stan. (p. 34)

Fasching Le week-end, il y a aussi des DJ dans le meilleur club de jazz de Stockholm. (p. 48 ; photo ci-dessus)

Opéra et musique classique

Konserthuset Concerts classiques dans un élégant édifice bleu, à Norrmalm. (p. 49)

Operan L'Opéra royal à Norrmalm est une expérience indispensable. (p. 48)

Envie de... Shopping

À Stockholm, le shopping s'apparente parfois à un sport et à un art de vivre, et la capitale suédoise constitue un paradis pour faire des emplettes. Que vous vous contentiez de lèche-vitrines ou recherchiez des idées de cadeaux, les adresses sont légion dans tous les quartiers. Quand il fait froid et sombre, les centres commerciaux et les grands magasins de la ville ne désemplissent pas.

STEFAN HOLM/SHUTTERSTOCK ©

Que rapporter de Stockholm ?

Parmi les souvenirs typiques figurent les jouets et les figurines en bois sculpté, à l'image du célèbre *dalahäst* (cheval de Dalécarlie), la verrerie, qu'il s'agisse d'objets de décoration ou de verres, les tissus et le linge de maison, et le délicat artisanat sámi (cuirs, objets en bois et bijoux en fils de métal).

Où faire ses achats ?

Pour trouver les grandes marques suédoises et internationales et les boutiques chics, rendez-vous dans Biblioteksgatan, avenue piétonne située entre Östermalm et Norrmalmstorg, ainsi que dans les petites rues adjacentes. Les magasins branchés et les galeries sont plus nombreux à Södermalm. Enfin, Gamla Stan vous comblera pour les souvenirs classiques, les T-shirts et les cartes postales.

À savoir

- Les Suisses et les Canadiens, comme les autres ressortissants d'un pays hors UE, bénéficient d'une détaxe sur leurs achats importants, à demander à la douane en quittant la Suède. Gardez vos factures et demandez un formulaire de détaxe au vendeur.

Grands magasins

NK Grand magasin de Norrmalm proposant des souvenirs et des articles pour la maison haut de gamme. (p. 49 ; photo ci-dessus)

Åhléns Excellent magasin disposant d'un grand choix d'articles et de nombreuses enseignes. (p. 49)

Gallerian Ce centre commercial central est proche de la Sergels Torg à Norrmalm. (p. 49)

Mood Stockholm Centre commercial chic et branché au cœur de Norrmalm. (p. 49)

Västermalmsgallerian Galerie marchande animée, à la sortie de la station de *tunnelbana* Fridhemsplan. (p. 107)

PK Huset Beaucoup de marques suédoises dans ce centre commercial très central. (p. 49)

Envie de... Mode

Stockholm est la capitale suédoise, voire scandinave, de la mode, et un excellent vivier de stylistes talentueux qui s'exportent bien. Dans les quartiers commerçants se retrouvent aussi les grands noms de la mode internationale, de Stella McCartney à Louis Vuitton. La ville compte aussi des magasins de vêtements vintage élégants qui plairont aux nostalgiques.

Une mode durable

Cela n'est guère étonnant dans ce pays si sensible aux thématiques environnementales : "durable" n'a rien d'un gros mot dans la mode suédoise. Plusieurs enseignes nationales mettent ainsi l'accent sur une production écologiquement responsable – pour en savoir plus : Sustainable Fashion Academy (www.sustainablefashionacademy.org).

Mode contemporaine

Acne Jeans skinny et coolitude irréprochable au succès international. (p. 38)

Marimekko Des motifs pleins de gaieté aux mille déclinaisons, des robes aux accessoires culinaires. (p. 38)

Filippa K Cette valeur sûre pour amateurs de mode pointue a peut-être bien inventé le jean skinny. (p. 39)

Whyred Un style urbain minimaliste qui s'inspire du monde de la musique. (p. 39)

BLK DNM La nouvelle marque du styliste J. Lindeberg. (p. 39)

WESC Des célébrités du monde entier ont adopté ce streetwear inspiré de l'univers du skate. (p. 39)

Vintage

59 Vintage Store Des vêtements rétro des années 1950 aux années 1970 de bonne qualité. (p. 104)

Judits Une boutique vintage très bien conçue. (p. 81)

Lisa Larsson Second Hand De beaux vêtements d'occasion dans une drôle de boutique. (p. 80)

Smiley Vintage Des vêtements anciens remis au goût du jour. (p. 81)

CHRISTIAN VIERIG/GETTY IMAGES ©

À savoir

- **Stockholm Street Style** (www.stockholm-streetstyle.com). La mode telle qu'on la voit dans les rues stockholmoises.
- **Stockholm Fashion Week** (www.stockholm-fashionweek.com). La capitale est le théâtre de défilés de mode chaque automne.

Envie de... Design

La Scandinavie, et la Suède en particulier, est réputée pour son design avant-gardiste, souvent accessible au simple quidam et qui s'apparente de fait à un art de vivre. À Stockholm, le design est partout, combinant beauté et fonctionnalité. Rapportez des articles chez vous, inspirez-vous de la façon dont les objets sont utilisés ou contentez-vous de les admirer dans leur environnement d'origine.

Svenskt Tenn L'école de design de Josef Frank est toujours aussi influente à Stockholm. (p. 93)

Nordiska Galleriet Également showroom et paradis des amateurs de design, ce magasin présente un choix éblouissant d'objets élégants. (p. 93)

Iris Hantverk Des articles de maison, superbes et bien conçus. (p. 39)

Nationalmuseum La plus grande collection de design suédois se trouve dans ce grand musée d'art. (p. 42)

Filippa K Cette jeune styliste révolutionnaire possède des magasins à divers endroits de la capitale. (p. 39)

DesignTorget Il y a plusieurs adresses de cette chaîne dans le centre. Les objets dernier cri (articles ménagers, gadgets, etc.) sont à des prix abordables. (p. 81)

Studio Lena M Ravissant petit magasin et atelier proposant des réalisations graphiques, des imprimés et des tissus singuliers mais adorables. (p. 35)

NK Ce grand magasin se distingue par son choix d'articles de design suédois, des plateaux aux torchons en passant par les bougeoirs. (p. 49)

E Torndahl Tenu par une famille, cette enseigne de Gamla Stan est spécialisée dans les textiles suédois et les articles ménagers. (p. 35)

PER KARLSSON · BKWINE.COM/ALAMY STOCK PHOTO ©

À savoir

- Si vous cherchez des chevaux suédois en bois (*dalahäst*) d'un nouveau style, intéressez-vous au travail de Kerstin Oldal (www.kerstinoldal.com). Elle en réalise de superbes dans une veine plus moderne.

Marimekko Une designer finnoise connue pour ses motifs imprimés sur tissus, plats ou papiers peints (p. 38)

Café Opera La jet-set fréquente ce lieu chic de Norrmalm, rénové par Thomas Sandell. (p. 46)

Sturehof Restaurant de fruits de mer et bar luxueux d'Östermalm , décoré par Jonas Bohlin. (p. 91 ; photo ci-dessus)

Envie de... Stockholm avec des enfants

Stockholm est une ville parfaite pour voyager avec des enfants. S'ils sont petits, vous trouverez des tables à langer dans la plupart des toilettes publiques et même les restaurants haut de gamme disposent de chaises hautes et de menus enfant. Le personnel des hôtels et des auberges de jeunesse est habitué à recevoir des familles et les transports en commun sont faciles à utiliser. De plus, de nombreux musées sont gratuits pour les moins de 18 ans.

Les meilleurs sites pour occuper les enfants

Junibacken Une plongée dans le monde parfois teinté de fantastique de l'écrivain Astrid Lindgren, créatrice de Fifi Brindacier et de ses amis. (p. 65)

Naturhistoriska Riksmuseet Le monde naturel, la faune et la flore, sous un angle interactif et vu avec des yeux d'enfants. Une section leur permet de faire des expériences scientifiques. (p. 90)

Medeltidsmuseet Ses expositions multimédias vous font faire un voyage dans le temps, au moment de la fondation de la ville, sous un pont de Gamla Stan. (p. 30)

Gröna Lund Tivoli Les habituels manèges et attractions des parcs de loisirs, qui remportent toujours un grand succès auprès des jeunes. (p. 66)

Tekniska Museet Expositions scientifiques interactives, pour divertir pendant des heures les esprits les plus curieux. (p. 64, p. 97)

Skansen Cet écomusée en plein air est un paradis pour les plus jeunes, avec ses maisons et cabanes à explorer, son parc animalier (photo ci-dessus), ses chœurs et ses guides en costume ancien, sans oublier les stands de restauration. (p. 52)

Nobelmuseet Les enfants de 7 à 10 ans peuvent partager leurs idées et créer des objets au sein du Club des enfants. (p. 30)

Aquaria Vattenmuseum Certes, on y dispense un message de sensibilisation, mais on s'y amuse aussi ! Quelle agitation parmi les petits quand les poissons sont nourris ! (p. 64)

ROBERTO LA ROSA/SHUTTERSTOCK ©

À savoir

▶ Même s'ils ne sont pas particulièrement destinés aux enfants, la plupart des musées de Stockholm disposent d'aires de jeux.

Envie de... Stockholm gratuit

S-F/SHUTTERSTOCK ©

Vous n'êtes pas en fonds ? La majorité des musées de la capitale ont au moins une nocturne non payante par semaine, et quelques-uns sont gratuits pour les plus jeunes (jusqu'à 18 ans, parfois 21 ans). Pour des activités sans bourse délier, pensez aux parcs publics et aux plages, au lèche-vitrines dans le quartier de Norrmalm, à l'observation des passants à Södermalm ou aux flâneries dans les parcs de Djurgården ou de Gärdet.

Activités

Stadshusparken
La baignade est gratuite près de l'hôtel de ville à condition de plonger de la terrasse avec les Stockholmois. (p. 101)

Rålambshovsparken
Nagez, jouez, pique-niquez ou lisez dans ce vaste parc de Kungsholmen. (p. 103, p. 107)

Moderna Museet
L'entrée est libre pour admirer l'art moderne dans ce remarquable musée. (p. 58)

Stampen Chaque dimanche après-midi, vers 14h, les habitués s'y pressent pour écouter du blues en live. (p. 34)

Tekniska Museet
Le mercredi de 17h à 20h, venez en famille explorer gratuitement ce musée technologique. (p. 64, p. 97)

Kulturhuset Dans ce haut lieu de l'art, les activités destinées aux enfants ne manquent pas, de l'artisanat à réaliser soi-même à la lecture de BD. (p. 42)

Riksdagshuset
L'agréable et instructive visite du Parlement suédois à Gamla Stan est gratuite. (p. 31 ; photo ci-dessus)

Armurerie royale
Les sous-sols du palais royal abritent armures et armes. (p. 30)

Medeltidsmuseet
Ce musée, situé sous le pont reliant Norrmalm à Gamla Stan, vous plonge dans le Stockholm du Moyen Âge. (p. 30)

Mårten Trotzigs Gränd
Traverser la rue la plus étroite de Stockholm ne vous coûtera pas un sou. (p. 31)

Hallwylska Museet
Qui a dit qu'il ne fallait pas tout garder ? Ce surprenant musée de Norrmalm dévoile l'univers d'un véritable collectionneur. (p. 43)

Armémuseum Si vous n'êtes pas encore convaincu que la guerre n'est pas la meilleure des choses, ce musée gratuit d'Östermalm vous le prouvera. (p. 90)

Sergels Torg Allez sur la place centrale la plus animée de Norrmalm et observez l'agitation (il s'agit en fait plus d'un carrefour que d'une place). (p. 43)

Envie de... LGBT

Stockholm est une formidable destination pour les voyageurs homosexuels. Les manifestations d'homophobie sont rares au sein d'une société réputée pour sa tolérance, et tout le monde est bien accueilli dans n'importe quel bar ou club. De fait, la ville n'a pas vraiment de quartier gay, même si la plupart des établissements pour homosexuels sont regroupés à Södermalm et à Gamla Stan.

Bars et clubs

Lady Patricia
(08-743 05 70 ; www.patricia.st ; Söder Mälarstrand, Kajplats 19 ; 17h-minuit mer-jeu, jusqu'à 5h ven-dim ; Slussen). Poisson et fruits de mer à moitié prix, *dance* non-stop et ponts envahis par des clients sexy et des drag-queens : cet ancien yacht royal devient une boîte de nuit gay le dimanche soir (il est ouvert cinq nuits par semaine). Gagnez la piste de danse du pont supérieur (en passant devant les pirates), où des clients éméchés chantent des tubes suédois de l'Eurovision avec un grand sérieux.

Side Track
(08-641 16 88 ; www.sidetrack.nu ; Wollmar Yxkullsgatan 7 ; 18h-1h mer-sam ; Mariatorget). Revendiquant le titre de plus vieux bar de la ville, cet établissement de Södermalm se distingue par son ambiance discrète rappelant celle d'un pub et sa cuisine de bar correcte (*fish and chips*, curry, *quesadillas*). Programmation en ligne des nuits à thème.

Torget (08-20 55 60 ; www.torgetbaren.com ; Mälartorget 13 ; 17h-1h ; Gamla Stan). Pour l'ambiance et la déco, difficile de faire mieux que ce bar gay étincelant. Différentes soirées à thème : spectacles burlesques ou chansons. La clientèle vous donnera des informations sur les prochaines soirées underground.

STEFAN HOLM/SHUTTERSTOCK ©

À savoir

- L'organisation pour les droits des gays et lesbiennes est la **Riksförbundet för Sexuellt Likaberättigande** (RFSL ; 08-50 16 29 00 ; www.rfsl.se ; Sveavägen 59 ; 10h-15h ou 16h lun-ven, fermé en général juil-août ; Rådmansgatan).
- La liste des clubs est publiée dans le magazine gratuit *QX* (www.qx.se), qui édite aussi une carte gratuite pratique, la *Gay Stockholm Map* disponible à l'office du tourisme.
- La Stockholm Pride (p. 144) a lieu chaque année fin juillet-début août.

Envie de... Architecture

Stockholm recèle des édifices datant de différentes périodes architecturales. Pour un panorama de l'architecture suédoise et de ses inspirations, et un aperçu des tendances d'aujourd'hui, rendez-vous à l'ArkDes (p. 66), voisin du Moderna Museet.

JOHN COPLAND/SHUTTERSTOCK ©

Les grands noms de l'architecture à Stockholm

La plupart des monuments emblématiques de Stockholm, en particulier les deux palais royaux, Drottningholm et Kungliga Slottet, furent l'œuvre de Nicodemus Tessin l'Ancien, architecte de la Cour à la fin du XVIIe siècle, et de son fils, Tessin le Jeune qui poursuivit son œuvre et travailla sur plusieurs grandes réalisations dont le "nouveau" Kungliga Slottet.

L'architecture locale a également été marquée, quoique brièvement, par le style romantique suédois, plutôt dépouillé et influencé par l'Arts and Crafts britannique et le Jugendstil allemand.

L'imposant Stadshuset (hôtel de ville), de style néogothique, vient rappeler l'architecture en brique des villes hanséatiques, et leur puissance communale. Vient ensuite le mouvement dit du Classicisme nordique (années 1920-1930) dont Erik Gunnar Asplund (1885-1940) est probablement le plus grand représentant en Suède. Il a conçu l'incontournable Stadsbiblioteket, ainsi que le cimetière de Skogskyrkogården en collaboration avec un autre grand nom de l'architecture suédoise, Sigurd Lewerentz. Enfin, Peter Celsing (1920-1974) est l'architecte de la Kulturhuset, farouchement contemporaine.

Édifices notables

Palais de Drottningholm (p. 108) **et Kungliga Slottet** (p. 24) Du style Renaissance au baroque.

Dramaten Le Théâtre royal est tout à la gloire exubérante du Jugendstil. (p. 93 ; photo ci-dessus)

Stadsbiblioteket Gracieuse, d'où qu'on la regarde. (p. 115)

Kulturhuset Un centre artistique (1974), au design audacieux. (p. 42)

Stadshuset Austère de l'extérieur, l'hôtel de ville brille de mille feux à l'intérieur. (p. 100)

Östermalms Saluhall Ce temple de la gastronomie est aussi une beauté architecturale. (p. 90)

Globen (Ericsson Globe). Une salle de sports, en forme de sphère géante, au sud de Sodermalm (voir aussi www.stockholmlive.com).

Envie de... Parcs

PAWEL SZCZEPANSKI/SHUTTERSTOCK ©

À tous les coins de rue ou presque, Stockholm dévoile un bel espace vert. La plupart des parcs disposent d'endroits pour pique-niquer, de coins ombragés et d'aires de jeux pour enfants. Certains disposent même d'un lac, voire d'une plage, de sentiers de randonnée sans oublier les petits cafés, essentiels pour le *fika*. Alors, comme les Stockholmois, usez et abusez des jardins.

Pique-nique

Nombre de cafés préparent des paniers de petit-déjeuner ou de déjeuner à emporter. À défaut, confectionnez vous-même votre pique-nique grâce aux rayons plats cuisinés de nombreux supermarchés, ou approvisionnez-vous dans les grands magasins comme les NK (p. 49), dont l'épicerie fine fournit des produits dignes d'un festin.

Plages

La baignade est autorisée presque partout dès lors que l'eau est accessible, mais certains coins sont plus propices que d'autres à la baignade. N'hésitez pas à demander (certains habitants partageront volontiers leur plage favorite), ou allez dans l'archipel de Stockholm ou au bord de l'eau près du Rålambshovsparken

Parcs royaux

Certains espaces verts ont ici une noble histoire, notamment Djurgården, île-jardin fondée et gérée par tout un chapelet de rois de Suède. Tout le monde y est le bienvenu, et les Stockholmois amateurs de jogging, de balades à pied ou à vélo ne s'en privent pas. Et pas d'inquiétude : vous ne risquez plus de tomber sur le roi en pleine chasse au chevreuil.

Parcs

Djurgården Cet ancien domaine de chasse royale date du XVe siècle. (p. 60 ; photo ci-dessus)

Vasaparken Le poumon vert de Vasastan. (p. 116)

Humlegården
Parc de la Bibliothèque royale. (p. 86)

Rålambshovsparken
Il renferme une agréable plage à Kungsholmen. (p. 103)

Ladugårdsgärdet
Vastes espaces verts, à l'est d'Östermalm. (p. 96)

Tantolunden Parc de Södermalm avec des aires de sport et des sentiers au bord de l'eau. (p. 76)

Envie de...
Fêtes et festivals

Il se passe toujours quelque chose à Stockholm, et plus encore en été. Libre à vous de découvrir quelques-uns des meilleurs cuisiniers de la capitale, d'apprécier la musique et le cinéma du monde entier, ou simplement de profiter de l'offre du moment. L'office du tourisme vous renseignera sur les prochaines manifestations.

MATT MUNRO/LONELY PLANET ©

Été

Saint-Jean C'est sans doute la plus grande fête du pays. La veille de la Saint-Jean, traditionnellement un vendredi entre le 19 et le 25 juin, les Suédois se rendent à la campagne pour dresser l'arbre de mai (photo ci-dessus), chanter, danser, boire et manger du hareng mariné (avant de récupérer leurs forces le jour de la Saint-Jean).

Smaka På Stockholm (Goût de Stockholm ; www.smakapastockholm.se ; entrée libre ; ⌚début juin). Pendant cinq jours, la gastronomie est à l'honneur avec des stands de restauration (plusieurs restaurants de l'archipel sont représentés), des démonstrations de cuisine et des divertissements dans le Kungsträdgården. Entrée libre et cuisine d'un bon rapport qualité/prix.

Stockholm Pride (www.stockholmpride.org/en ; ⌚fin juillet ou début août). Cette parade festive annuelle, très exubérante ici, a pour but de créer une atmosphère de liberté et de soutenir les personnes homosexuelles, bisexuelles et transgenres.

Automne et hiver

Stockholm Jazz Festival (stockholmjazz.se/ ; prix variable selon le lieu ; ⌚oct). Un grand festival de jazz.

Stockholm Film Festival (www.stockholmfilmfestival.se/sv ; billets 170 Skr ; ⌚nov). Les projections de films indépendants, les conférences des réalisateurs et les débats attirent les cinéphiles. Réservez vos places assez tôt car les billets partent vite. La billetterie se trouve dans le Kulturhuset.

Marché de Noël de Gamla Stan (www.stortorgetsjulmarknad.com). Généralement ouvert à la mi-novembre, cet adorable marché qui occupe la place principale de Gamla Stan (Stortorget) vous remonte le moral à lui tout seul par une froide soirée d'hiver. Laissez-vous tenter par de l'artisanat ou des douceurs, ou bien par une tasse de chocolat avec un petit pain au safran.

Carnet pratique

Carnet pratique

Avant de partir

Quand partir

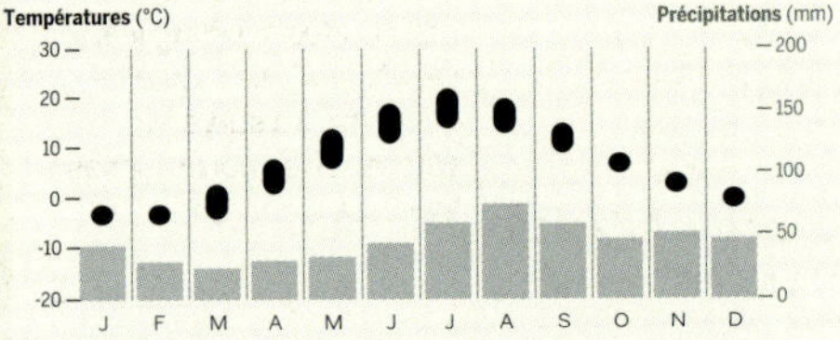

➡ **Été (de mi-juin à mi-août)** La saison début avec les grandes fêtes de Midsommar (Saint-Jean) lors du solstice d'été : Les journées sont longues, la lumière est belle et le temps clément : un vrai rêve ! La plupart des sites sont ouverts aux visiteurs, excepté certains restaurants et magasins qui prennent leurs congés annuels. Les tarifs des hôtels sont au plus bas.

➡ **Automne (septembre-octobre)** Il fait plus frais, il y a moins de monde et la nature se pare de couleurs automnales.

➡ **Hiver (décembre-février)** La féerie hivernale règne sur la ville et sa région, avec ses marchés festifs et ses tasses de *glögg* (vin chaud) vendues à chaque coin de rue.

Hébergement

➡ L'hébergement est d'excellente qualité mais les prix sont parfois élevés.

➡ Les prix baissent en été et le week-end.

➡ Les hôtels Svenska Turistföreningen (STF) sont membres du réseau Hostelling International (HI).

Sites Internet

c/o Stockholm (www.costockholm.com). Service de réservation de chambres et chambres d'hôtes.

Airbnb (www.airbnb.fr)

Petits budgets

Vandrarhem af Chapman & Skeppsholmen (www.stfchapman.com). Dans cet hôtel à la mode, vous dormirez à bord d'un vieux bateau.

Långholmen Hotell & Vandrarhem (www.langholmen.com). Passez la nuit dans la prison la plus confortable que vous ayez jamais visitée.

City Backpackers (www.citybackpackers.org). Cette auberge accueillante est la plus centrale de Stockholm.

City Hostel (www.cityhostel.se). Un hôtel bon marché et paisible à Kungsholmen.

Hostel Bed & Breakfast (www.hostelbedandbreakfast.com). Un lieu à l'ambiance décontractée avec de bonnes prestations.

Catégorie moyenne

Hobo Hotel (www.hobo.se). Tendance et amusant en plein centre-ville.

Hotel 'C' Stockholm (www.nordicchotel.com). Hôtel design bien situé. Bon petit-déjeuner.

Hotel Anno 1647 (www.rexhotel.se). Hôtel charmant, près de Slussen.

Birger Jarl Hotel (www.birgerjarl.se). Un des premiers hôtels design de la capitale.

Rex Hotel (www.rexhotel.se). Chambres petites mais élégantes.

Catégorie supérieure

Grand Hôtel Stockholm (www.grandhotel.se). Hôtel luxueux et emblématique du front de mer.

Clarion Hotel Sign (www.clarionsign.com). Hôtel de luxe, moderne et design.

Rival Hotel (www.rival.se). Hôtel rétro appartenant à l'un des membres d'ABBA.

Hotel J (www.hotelj.com). Un bel hôtel, parfait pour accueillir la jet-set.

First Hotel Reisen (www.firsthotels.com). Tout le confort moderne dans un vieil hôtel particulier.

Arriver à Stockholm

Aéroport de Stockholm-Arlanda

➡ Les trains **Arlanda Express** (www.arlandaexpress.com ; aller simple adulte/enfant 280/150 Skr, aller simple 2 adultes en été 350 Skr ; Centralen), qui relient l'aéroport à la Centralstationen en 20 minutes, circulent de 5h à 0h30 environ toutes les 10-15 minutes (moins souvent après 21h)

➡ Les bus **Flygbussarna** (www.flygbussarna.se ; Cityterminalen ; Centralen), qui font la navette entre l'aéroport et Cityterminalen, partent de l'arrêt 11 du Terminal 5 toutes les 10 à 15 minutes (aller simple adulte/enfant 119/99 Skr, 40 min). Achetez les billets en ligne, au Cityterminalen ou au distributeur Flygbuss du Terminal 5.

➡ Vous pouvez aussi faire appel aux **taxis de l'aéroport** (08-25 25 25 ; www.airportcab.se).

➡ L'**aéroport de Stockholm-Bromma**, situé à 9 km du centre-ville seulement, dessert principalement la Scandinavie et les pays baltes. L'**aéroport de Skavsta** se trouve à 100 km au sud de la capitale. Des compagnies low cost y opèrent.

Depuis la France

➡ **Scandinavian Airline** (www.flysas.com) et **Air France** (www.airfrance.fr) assurent des vols directs entre Paris et Stockholm plusieurs fois par jour. Comptez 2 heures 40 de vol.

➡ **Ryanair** (www.ryanair.com) relie plusieurs fois par semaine Paris-Beauvais à l'aéroport de Skavsta, situé à 100 km au sud du centre de Stockholm. Prenez en compte les temps de trajet en navette, et leur coût, avant de vous décider.

- Autre compagnie low cost, **Norwegian** (www.norwegian.com/fr/) propose une liaison directe par jour depuis Paris (arrivée prévue à l'aéroport de Stockholm-Arlanda).

Depuis la Belgique

- **Brussels Airlines** (www.brusselairlines.com) et **Scandinavian Airlines** (www.flysas.com) desservent chaque jour Stockholm par vol direct.
- Les compagnies low cost **Malmö Aviation** (www.flygbra.se/home/) et **Ryanair** (www.ryanair.com) proposent des vols directs Bruxelles-Stockholm (uniquement l'été avec Ryanair).

Depuis la Suisse

- **Swiss** (www.swiss.com) et **Scandinavian Airlines** (www.flysas.com) desservent Stockholm par des vols directs depuis Genève et Zurich.

Depuis le Canada

- Il n'existe pas de vols directs entre Montréal et Stockholm. **Air Canada** (www.aircanada.com) et **Air France** (www.airfrance.fr) assurent des vols avec une escale.

Comment circuler

Pour établir un itinéraire ou acheter vos billets, consultezle site (en suédois et en anglais) reseplanerare.resrobot.se.

Bateau

- Accessibles avec un pass SL ou un billet, les ferries municipaux Djurgårdsfärjan relient Gröna Lund Tivoli sur Djurgården à Nybroplan (en été) et à Slussen (toute l'année) toutes les 10 minutes en été.
- Pour les liaisons maritimes dans l'archipel, voir aussi p. 122.

Bus

- Les bus municipaux desservent Sergels Torg, Odenplan, Fridhemsplan (sur Kungsholmen) et Slussen (plan p. 74).
- La plupart des bus circulent jusqu'à minuit, mais vérifiez les horaires.
- Pas de vente à bord.

Taxi

- On trouve facilement des taxis, mais les tarifs sont libres : vérifiez qu'il y a bien un compteur ou mettez-vous d'accord sur le prix de la course avant de l'effectuer.
- Préférez les compagnies à la réputation établie, comme **Taxi Stockholm** (☎15 00 00 ; www.taxistockholm.se) ou **Sverige Taxi** (☎020-20 20 20 ; www.sverigetaxi.se).
- Le réseau **Uber** (www.uber.com), qui met en contact des usagers avec des conducteurs, couvre aussi Stockholm.

Tramway

- Les tramways historiques de la ligne 7 (et leurs cousins ultramodernes) relient Norrmalmstorg et Skansen aux sites de Djurgården.
- Inclus dans les pass SL.

Tunnelbana (métro)

- Rapide et efficace, le métro dessert les différents quartiers.
- Il existe trois lignes principales : la verte, la rouge et la bleue. Il est facile de s'orienter grâce aux plans affichés dans toutes les stations.
- Il circule en général de 5h à 2h30, mais vérifiez les horaires en ligne.

Vélo

- Seuls les vélos pliants sont autorisés sans frais à bord des trains locaux, comme "bagages à main".

Titres de transport

- **Storstockholms Lokaltrafik** (SL ; ☎08-600 10 00 ; www.sl.se ; Centralstationen ; ⏲SL Center Sergels Torg 7h-18h30 lun-ven, 10h-17h sam-dim, dans la Centralstationen 6h30-23h45 lun-sam, à partir de 7h dim) gère le métro, les trains locaux et les bus.
- Achetez les billets et les pass aux guichets SL, aux distributeurs des stations du *tunnelbana* et aux kiosques Pressbyrå.
- Les mêmes tickets sont valables à bord du *tunnelbana*, des trains locaux, des bus et sur certains trajets en ferry.
- Des billets à l'unité sont en vente, mais la carte rechargeable Access est plus avantageuse si vous prenez les transports plus d'une fois ou deux.
- Un billet coûte entre 30 Skr et 60 Skr et reste valable 1 heure 15 ; il permet un aller-retour et les correspondances bus-métro.
- Une carte 24 heures/72 heures/7 jours coûte 120/240/315 Skr pour un adulte. Pour 20 Skr de plus, vous avez une carte Access rechargeable.

- Ils sont prohibés dans la Centralstationen et à bord du *tunnelbana*.
- **Stockholm City Bikes** (www.citybikes.se ; forfait 3 jours/saisonnier 165/300 Skr) est un service de vélos en libre-service : location jusqu'à 3 heures d'affilée, et retour à n'importe quelle borne City Bikes. Cartes vendues en ligne et à l'office du tourisme.

Infos pratiques

Argent

- Beaucoup de commerces n'acceptent que les paiements par carte bancaire.
- Les bureaux de change **Forex-Vasagatan** (Centralplan 15 ; ⏲5h30-22h dim-ven, jusqu'à 18h sam ; 🚇Centralen) se trouvent près de l'office du tourisme et de la gare Centralstationen.

Monnaie

La monnaie nationale est la couronne suédoise (Skr). Une *krona* équivaut à 100 *öre*. Il existe des pièces de 1, 2, 5 et 10 Skr ainsi que des billets de 20, 50, 100, 500 et 1 000 Skr. Début 2018, un euro équivalait à quelque 10 Skr (le site xe.com vous indiquera le taux de change au moment de votre séjour).

DAB et cartes bancaires

- La plupart des banques disposent de DAB accessibles 24h/24 acceptant les cartes Visa, MasterCard, Cirrus et Plus, couramment acceptées en Suède (les American Express et Diners Club le sont moins). Un supplément (jusqu'à 3,75%) s'applique souvent aux transactions avec des cartes étrangères.

Carte de réduction

Le **Stockholm Pass** (☎08-663 00 80 ; www.stockholmpass.com ; pass adulte 1/2/3/5 jour(s) pour 595/795/995/1 295 Skr, enfant demi-tarif) permet de faire des visites et d'accéder gratuitement à 75 sites.

Désagréments et dangers

➡ **Pickpockets** Surveillez votre portefeuille dans les lieux bondés et animés tels que la place Sergels et la Centralstationen.

➡ **Escroquerie au taxi** Les tarifs des taxis ne sont pas encadrés ; vérifiez les prix affichés à la fenêtre du taxi et mettez-vous d'accord au préalable avec le chauffeur.

Électricité

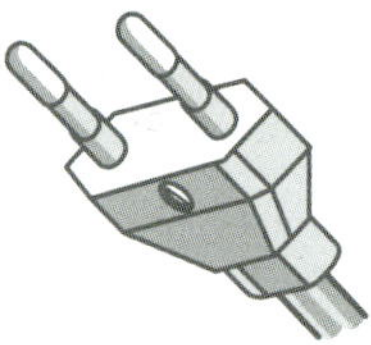

Type C
230 V/50 Hz

Formalités et visas

➡ Les ressortissants de l'Union européenne et des pays membres de l'espace Schengen (dont la Suisse) n'ont pas besoin de visa.

➡ Les ressortissants canadiens doivent être en possession d'un passeport en cours de validité, mais sont dispensés de visa pour les séjours touristiques inférieurs à trois mois.

➡ Le **Migrationsverket** (www.migrationsverket.se) est l'office suédois des migrations. Il traite toutes les demandes de visa.

Handicapés

➡ La Suède est l'un des pays les plus faciles à visiter pour les personnes à mobilité réduite.

➡ Des passages pour piétons disposent de rampes pour les fauteuils roulants et de signaux audio pour les malvoyants. De nombreux supermarchés sont accessibles aux fauteuils roulants.

➡ Les voyageurs handicapés trouveront des transports adaptés, des trains aux taxis.

➡ Les toilettes publiques et la plupart des chambres d'hôtel sont également accessibles.

Heures d'ouverture

Sauf mention contraire, ces horaires sont valables pour la haute saison (p. 146). Le reste de l'année, ils sont plus restreints. De nombreux commerces ferment plus tôt la veille et le lendemain de jours fériés.

➡ **Banques** lun-ven 9h30-15h ; certaines agences ouvrent jusqu'à 17h/18h.

➡ **Bars** 11h-12h à 1h-2h

➡ **Services officiels** lun-ven 9h-17h

➡ **Restaurants** 11h-14h et 17h-22h ; souvent fermés le dimanche et/ou le lundi ; les restaurants haut de gamme ferment souvent une semaine ou deux en juillet-août.

➡ **Commerces** lun-ven 9h-18h, sam 9h-13h

Jours fériés

➡ La vie s'arrête, ou presque, durant les trois jours de célébration de Midsommar (Saint-Jean, en juin) : les transports et les autres services sont réduits, la plupart des magasins et les petits offices du tourisme ferment leurs portes.

➡ Sans être fériées, Midsommarafton (veille de la Saint-Jean), Julafton (veille de Noël) et Nyårsafton (Saint-Sylvestre, le 31 décembre) sont chômées par une grande partie de la population.

Nyårsdag (Nouvel An) 1er janvier

Trettondedag Jul (Épiphanie) 6 janvier

Långfredag, Påsk, Annandag Påsk (Vendredi saint, dimanche et lundi de Pâques) mars/avril

Första Maj (fête du Travail) 1er mai

Kristi Himmelsfärdsdag (Ascension) mai-juin

Pingst, Annandag Pingst (dimanche et lundi de Pentecôte) fin mai-début juin

Midsommardag (Saint-Jean, solstice d'été) le samedi entre les 19 et 25 juin

Alla Helgons dag (Toussaint) un samedi fin octobre ou début novembre

Juldag (Noël) 25 décembre

Annandag Jul (lendemain de Noël) 26 décembre

Offices du tourisme

Centre d'information touristique de Stockholm (08-50 82 85 08 ; www.visitstockholm.com ; Kulturhuset, Sergels Torg 3 ; 9h-19h lun-ven, 9h-16h sam, 10h-16h dim mai à mi-sept, horaires réduits le reste de l'année ; ; M T-Centralen). La principale antenne se trouve dans la Kulturhuset, sur Sergels Torg.

Office de tourisme (08-550 882 20 ; www.guidestockholm.info ; Köpmangatan 22 ; 10h-16h lun-ven toute l'année, 11h-14h sam et dim juin-sept ; Gamla Stan). Ce petit bureau de Gamla Stan fournit brochures et informations.

Visit Djurgården (08-667 77 01 ; www.visitdjurgarden.se ; Djurgårdsvägen 2 ; 9h-17h lun-ven). Cet office du tourisme dédié à Djurgården se trouve au pied du pont de Djurgården.

Taxes et remboursements

Si vous ne résidez pas dans l'Union européenne (UE), vous avez droit à la détaxe. En Suède, la TVA est incluse dans le prix des articles. Si vous achetez un article dans un magasin affichant le logo "Tax Free Global Blue", demandez un formulaire de remboursement à la caisse. Les articles doivent être dans leur emballage d'origine, ne pas avoir été utilisés et ouverts. Conservez les factures. Montrez le formulaire au comptoir Global Blue du dernier aéroport de l'UE où vous atterrirez. Cette mesure ne s'applique qu'aux achats de plus de 200 Skr.

Téléphone

- Les smartphones sont omniprésents à Stockholm et les cabines téléphoniques publiques à pièces quasi inexistantes.
- Pour appeler à l'étranger depuis la Suède, faites le zéro et l'indicatif du pays. Pour appeler en Suède, composez l'indicatif régional avec le zéro.

Téléphones portables

Les principaux fournisseurs sont Tre, Telia, Comviq et Telenor.

Astuces pour dépenser moins

- Réservez tôt, sur Internet, vos hôtels et vos déplacements en Suède.
- Les prix sont plus abordables en été.
- Comme les Suédois, faites du déjeuner votre principal repas de la journée : le *dagens rätt*, la formule du midi, est souvent d'un excellent rapport qualité/prix, jusque dans les meilleurs restaurants (95-195 Skr).

Pas d'impairs !

- Il est interdit de fumer dans les bars, les restaurants et les hôtels.
- Invité dans un foyer suédois ? Sachez qu'il faudra vous déchausser à l'entrée.
- Le mot le plus courant en suédois est *tack* qui signifie "merci" et "s'il vous plaît". N'hésitez pas à l'utiliser !

Les cartes SIM locales sont en vente dans les boutiques Pressbyrån, comme celle de l'aéroport Arlanda.

Téléphone à carte

Les téléphones publics qui subsistent fonctionnent avec des cartes téléphoniques en vente dans les kiosques et boutiques Pressbyrån (ou avec une carte bancaire, mais cela coûte ridiculement cher). Demandez une *telefon kort* à 50 Skr ou 120 Skr équivalant respectivement à 50 minutes et 120 minutes d'appel local. Précisez que c'est pour appeler d'une cabine publique et non de votre téléphone portable.

Toilettes

Comptez 5 Skr à 10 Skr pour utiliser les toilettes publiques. Payez en pièces de 5 Skr ou 10 Skr ou par SMS.

Urgences

Conseils médicaux 24h/24 au ☎08-32 0100 ou ☎112.

Langue

Le suédois est une langue scandinave proche du danois et du norvégien. C'est la langue officielle de la Suède, parlée par la majorité des habitants (environ 8,5 millions).

La prononciation du suédois n'est pas si différente du français. Exception notable, les *r* légèrement roulés et le son que nous retranscrivons ici par la combinaison *rh* qui s'assimile à la *jota* espagnole, souvent difficile à prononcer pour les francophones. Les voyelles sont courtes si elles sont suivies d'une consonne redoublée, sinon, elles sont longues. Voici quelques précisions : le *a* se prononce *a* lorsqu'il est long, *eu* lorsqu'il est court, le *u* et le *o* se prononcent comme le *ou* de "boule" lorsqu'ils sont longs et comme le *o* de "porte" lorsqu'ils sont courts. Le *å* se prononce comme le *o* de "porte", le *e* comme le *è* de "père", le *ä* comme le *è* de "prophète", le *ö* comme le *eu* de "beurre", le *y* comme le *u* de "jupe". Les consonnes se prononcent presque comme en français. Les combinaisons suivantes sont toutefois spécifiques au suédois : le *c* se prononce comme *s*, le *ck* comme un double *k*, le *tj* et le *rs* comme le *ch* de "chat", le *sj* et le *ch* comme la *jota* espagnole, le *g* comme le *g* de "gâteau" et, devant *e*, *i*, *y*, *ä* et *ö*, comme le *y* de "yaourt" et *lj* comme le *y* de "yaourt".

Conversation de base

Bonjour.	*Hej.*	hé
Au revoir.	*Hej då.*	hé do
Oui.	*Ja.*	yâ
Non.	*Nej.*	né

S'il vous plaît.
Tack. tak

Merci (beaucoup).
Tack (så mycket) tak (so *mu*·kè)

Je vous en prie/De rien.
Varsågod. var·sho·*goud*

Excusez-moi.
Ursäkta mig. our·*shek*·ta mé

Désolé(e).
Förlåt. feur·*lot*

Comment allez-vous ?
Hur mår du? hur mor dou

Bien, merci. Et vous ?
Bra, tack. Och dig? bra tak o dé

Comment vous appelez-vous ?
Vad heter du? vaad *hè*·ter du

Je m'appelle...
Jag heter... yâ *hé*·ter

Parlez-vous anglais/français ?
Talar du engelska/franska?
ta·lar du *eng*·el·ska/ *fran*·ska

Je ne comprends pas.
Jag förstår inte. yâ feur·*shtor in*·te

Au restaurant

Que recommandez-vous ?
Vad skulle ni rekommendera?
vaad *sku*·le nee re·ko·men·*dé*·ra

Servez-vous des plats végétariens ?
Har ni vegetarisk mat?
har ni ve·gue·*taa*·risk maat

Je vais prendre...
Jag vill ha ... yâ vil haa

Santé !
Skål! skol

Je voudrais...
Jag skulle vilja ha... yâ *sku*·le *vil*·ya haa...

l'addition
räkningen rèk·ning·en

la carte des boissons
drickslistan driks·lis·tan

menu
menyn me·*nun*

Urgences

Au secours ! *Hjälp!* yelp

Laissez-moi tranquille !
Försvinn! feur·*shvin*

Appelez... ! *Ring...!* ring ...

un docteur
efter en doktor ef·ter en *dok*·tor

la police
polisen poh·*li*·sen

Je suis perdu(e).
Jag har gått vilse. yâ har got *vil*·se

Je suis malade.
Jag är sjuk. yâ èr rhuk

Où sont les toilettes ?
Var är toaletten? var èr toh·aa·*le*·ten

Transports et directions

Où se trouve... ?
Var ligger...? var *li*·yèr

la banque
banken *ban*·ken

le bureau de poste
posten *pos*·ten

l'office du tourisme
turistinformationen
tu·*rist*·in·for ma·*rhoh*·nen

Je voudrais un... (pour Stockholm), s'il vous plaît.
Jag skulle vilja ha en... (till Stockholm).
yâ *sku*·le *vil*·ya haa èn (til *stok*·holm)

aller simple
enkelbiljett *en*·kel·bil·*yet*

aller-retour
returbiljett re·*tur*·bil·*yet*

À quelle heure part le train/bus ?
När avgår tåget/bussen?
nèr *âv*·gor *to*·guèt/*bu*·sen

Pouvez-vous vous arrêter ici ?
Kan du stanna här?
kan du *sta*·na hèr

Commerces et services

Je cherche...
Jag letar efter...
yâ *lè*·tar *ef*·ter

Combien ça coûte ?
Hur mycket kostar det?
hur *mu*·ke *kos*·tar dé

Heures et nombres

Quelle heure est-il ?
Hur mycket är klockan?
hur *mu*·ke èr *klo*·kan

Il est (deux) heures.
Klockan är (två). *klo*·kan èr (tvo)

dans la matinée
på förmiddagen po *feur*·mi·dâ·guen

dans l'après-midi
på eftermiddagen po *ef*·ter·mi·dâ·guen

hier	*igår*	i·*gor*
demain	*imorgon*	i·*mor*·ron

1	*ett*	et
2	*två*	tvo
3	*tre*	trè
4	*fyra*	*fu*·ra
5	*fem*	fem
6	*sex*	seks
7	*sju*	rhu
8	*åtta*	*o*·ta
9	*nio*	*ni*·oh
10	*tio*	*ti*·oh
100	*ett hundra*	et *hun*·dra
1 000	*ett tusen*	et *tu*·sen

En coulisses

Vos réactions ?

Vos commentaires nous sont très précieux pour améliorer nos guides. Notre équipe lit vos lettres avec la plus grande attention et prend en compte vos remarques pour les prochaines mises à jour. Pour nous faire part de vos réactions, consultez notre site Web : **www.lonelyplanet.fr**

Nous reprenons parfois des extraits de notre courrier pour les publier dans nos guides ou sites Web. Si vous ne souhaitez pas que vos commentaires soient repris ou que votre nom apparaisse, merci de nous le préciser. Pour connaître notre politique en matière de confidentialité, connectez-vous à : www.lonelyplanet.fr/confidentialite/index.cfm

À nos lecteurs

Un grand merci à ceux qui ont utilisé la précédente édition de ce guide et ont pris la peine de nous écrire :

Claire Buty, Margaux Chérasse, Georgia Fenwick, Annah Grubb, Camilla Jensen, Charles Lunberg, Axel Nelms, Débora Prichard, Marthe Ronteix

Un mot de l'auteur

Un grand merci à ma mère, Christina, qui a activé ses nombreux contacts à Stockholm ; à Paul Smith, à James Borup, à l'équipe de l'Auld Dub et à tous les éditeurs de Lonely Planet !

Crédits photographiques

Photographie de couverture : Gamla Stan, Luigi Vaccarella/4Corners ©

Photographie p. 4-5 : Södermalm, Cranjam/Getty ©

À propos de cet ouvrage

Cette 3e édition française de *Stockholm En quelques jours* est une traduction-adaptation de la 4e edition du guide en anglais *Pocket Stockholm* mis à jour et rédigé par Becky Ohlsen et Charles Rawlings-Way. Becky Ohlsen avait déjà travaillé sur la précédente édition.

Traduction Cécile Giroldi

Direction éditoriale Didier Férat

Coordination éditoriale Bénédicte Houdré

Responsable pré-presse Jean-Noël Doan

Maquette Laurence Tixier

Cartographie Cartes adaptées en français par Nicolas Chauveau

Couverture Adaptée en français par Laure Wilmot

Merci à Camille Marie pour sa préparation du manuscrit, à Christiane Mouttet pour sa relecture attentive du texte, ainsi qu'à Dominique Spaety pour son aide constante. Enfin, merci à Darren O' Connell, Elizabeth Nguyen, Chris Love, Jacqui Saunders, Glenn van der Knijff et Claire Murphy du bureau de Melbourne, et à Clare Mercer, Joe Revill, Sarah Nicholson, Luan Angel et Becky Henderson du bureau de Londres.

Index

Voir aussi les index :

Se restaurer p. 158
Prendre un verre p. 159
Sortir p. 159
Shopping p. 159

Références des **sites**
Références des **cartes**

Références des **sites**
Références des **cartes**

Se restaurer

Nos auteurs

Charles Rawlings-Way

Ayant rédigé près de 30 guides pour Lonely Planet, notamment sur Singapour, Toronto, Sydney, la Tasmanie, la Nouvelle-Zélande, le Pacifique Sud et l'Australie, ainsi que nombreux articles, Charles fait figure de vétéran. Après s'être essayé à l'architecture, à la cartographique, à la gestion de projet et avoir chanté dans les rues durant quelques années, il a entrepris de sillonner le monde pour Lonely Planet en 2005 et n'a plus cessé depuis.

Becky Ohlsen

Écrivain, rédacteur et critique indépendant, Becky vit à Portland, dans l'Oregon. Elle écrit des guides et des récits de voyage sur la Scandinavie, Portland et d'autres lieux pour Lonely Planet. Bien qu'elle ait grandi dans les montagnes du Colorado, elle connaît la Suède depuis son enfance. Elle rendait en effet visite à ses grands-parents et à ses proches à Stockholm et dans le nord du pays. Elle adore le hareng mariné et la glace au safran.

Stockholm en quelques jours
3e édition
Traduit et adapté de l'ouvrage *Pocket Stockholm, 4th edition, April 2018*

Dépôt légal Mai 2018
ISBN 978-2-81617-108-2
Imprimé par L.E.G.O. Spa (Legatoria Editoriale Giovanni Olivotto), Italie

En Voyage Éditions | un département place des éditeurs